使徒言行録を読もう

川崎公平

KAWASAKI, Kouhei

日本キリスト教団出版局

聖書の引用は、基本的に『聖書　聖書協会共同訳』（日本聖書協会）に基づく。

目次

第Ⅱ部　ユダヤ・サマリア、そして異邦人に広がる福音

第Ⅲ部　地の果てに及ぶ福音の前進

装丁原案・桂川　潤
装丁・デザインコンビビア

第I部　エルサレムにおける教会の誕生

1　イエス・キリストの証人（1・1〜11）

「ただ、あなたがたの上に聖霊が降ると、あなたがたは力を受ける。そして、エルサレム、ユダヤとサマリアの全土、さらに地の果てまで、私の証人となる」。（1・8）

なぜルカは使徒言行録を書いたか

新約聖書の中で、使徒言行録ほどおもしろい文書はないかもしれません。少なくとも、聖書の中で特別な位置を占めていることは確かです。もしも（あり得ないことですが）四つの福音書のうちのひとつが欠けていたら、あるいはパウロの手紙のうちのひとつが突然なくなったら、それもたいへんな損失でしょう。けれども、もしも使徒言行録が存在しなかったら、それは教会にとって致命的な損失になります。類書がひとつも存在しないからです。

使徒言行録の著者は、ルカによる福音書を書いたルカです。なぜルカはこのような独特な書物を著《あらわ》そうと志したのでしょうか。1節以下に「テオフィロ様、私は先に第一巻を著して」とありますが、この「第一巻」がルカによる福音書のことです。そのルカ福音書の冒頭も同じように、「テオフィロ様、あなたにイエス・キリストの物語を献呈します」という挨拶から始まっています。それに呼応するように、使徒言行録の冒頭でもテオフィロという人物に呼びかけながら、ルカは〈教会の歴史〉を物語り始めます。

「テオフィロ様、既に私はあなたにイエス・キリストの物語を献呈しました。けれども話はそこで終わりません」。「今、あなたの目の前で何が起こっているのか。今、この世界で何が起こっているのか。今、教会が何をしているのか。そのことをよく見ていただきたいのです。よく考えていただきたいのです」。そのために、ルカはどうしても第二巻を書かなければなりませんでした。

本書では聖書協会共同訳（また新共同訳）に準拠して「使徒言行録」と呼びますが、「使徒行伝」、あるいは「使徒の働き」という呼び名に親しんでいる方も多いと思います。しかしルカ自身は何のタイトルもつけなかったようです。後代の人がいろんな呼び方をしただけです。聖書の古い写本を調べてみると、単に「働き」と題されたこともあるようです。ある古代の教会の神学者は、この「働き」というタイトルをとらえて、それはいったい誰の働きであるかと問いながら、むしろこれは「聖霊行伝」であると主張しました。なるほどと思います。しかし、あえて私が好きなタイトルを付けるとしたら、「教会行伝」と呼びたいとも思います。「教会の働き」です。

ルカ自身が決めたわけでもない書名に、あまりこだわる必要はないでしょう。いずれにしても、ルカが素朴に信じていたことがありました。「聖霊なる神は、今も働いておられる」ということです。しかもこの〈神（聖霊）の働き〉と、〈教会の働き〉と、そして〈私の働き〉を切り離すことはできません。聖霊なる神は、今もご自身の教会を通して働き続けておられます。だからこそ使徒言行録が書かれなければなりませんでした。

証人としての教会の働き

「ただ、あなたがたの上に聖霊が降ると、あなたがたは力を受ける。そして、エルサレム、ユダヤとサマリアの全土、さらに地の果てまで、私の証人となる」（8節）。

この主イエスの言葉は、使徒言行録を理解する上で決定的な意味を持ちます。教会の働き、それは〈証人〉としての働きです。イエス・キリストの証言をするのです。「あなたがたは、私イエスの証人となる」。これが私たち教会のアイデンティティです。そのために「あなたがたの上に聖霊が降る」との約束が与えられます。「ヨハネは水で洗礼を授けたが、あなたがたは間もなく聖霊によって洗礼を受けるからである」（5節）とも言われます。洗礼は受けたけれども聖霊はまだ受けていないとか、聖霊を伝道に遣わされたことはないとか、そんなことはあり得ません。洗礼を受けるということは、聖霊を受けてキリストの証人として遣わされることを意味します。

しかしそれにしても、なぜ証人が必要なのでしょうか。理由は単純です。少なくとも今現在、主イエスを目で見ることができないからです。しかし、この言い方は消極的に過ぎます。積極的に言えば、こういうことです。神は、イエス・キリストを地上に生かし続けることによってご自身の働きを続けようとはなさらず、むしろ私たち教会の存在を用いることによって、ご自身の働きを続けようと決断なさったのです。

神の働きの原点イエス

〈神の働き〉は、まずイエス・キリストというお方において決定的な出来事となりました。だからこそ第一巻として福音書が書かれました。考えてみると、とんでもない出来事です。神ご自身にほかならないお方が、この地上に足を付けて生活なさったのです。その三十数年という短い時間は、世界の歴史の中で、中心的な、特別な時間であったと言わなければなりません。その中でも特に大切な時が、「四十日」（3節）という時でした。復活なさった主イエスが、地上におられた四十日間です。こんな特別な時は、後にも先にも存在しませんでした。

そのことが、弟子たちにはよくわかったと思います。自分たちの目の前に、神の勝利そのものであるお方が立っておられるのです。復活なさった神ご自身が、目の前で食事までしておられるのです（4節）。その衝撃は、もしかしたらまだ私たちが十分に理解していないことかもしれません。だからこそ弟子たちは、「主よ、イスラエルのために国を建て直してくださるのは、この時ですか」（6節）とも尋ねたのです。けれども、神の御心は違いました。

主イエスは明確に言われました。「あなたがたが、働くのだ。あなたがたが、証人となるのだ。地の果てに至るまで！」そう言って、主イエスは天に昇られました。「こう話し終わると、イエスは彼らが見ている前で天に上げられ、雲に覆われて見えなくなった」（9節）。

私たちにとって、主イエスが目に見えない存在であるということは、一方では心細いことです。その場にいた弟子たちだって、ふとそれまでの四十日を振り返りながら、すべては夢幻だったのだろうかと疑ったとしても、少しも不思議ではないと私は思います。けれども、茫然と「天を見つめていた」（10節）、そんな弟子たちを励ますように、ふたりの天使が声をかけてくれました。「ガリラヤの人たち、なぜ天を見上げて立っているのか」（11節）。天をぼんやり見上げていることがあなたがたの仕事か。違うだろう？

ルカ自身は、主イエスが目に見えないということを消極的にとらえたことは一度もありません。主イエスが天に昇られ、目に見えない存在になったとき、それは終わりではなく新しい始まりを意味しました。ここに神の新しいみわざが始まったのです。それが〈教会の働き〉です。11節にあるように、主が再び来られるときまで続く働きです。私たちの教会の働きは、このような歴史を貫く広がりを持っているのです。

エマオから遣わされたふたりの証人の物語

既にルカは、福音書の最後の章にこういう物語を残してくれました（ルカ24・13〜35）。主イエスがお甦りになった日の夕方のこと、ふたりの弟子がエマオという村に向かって歩いていました。イエスにすべての望みをかけていたのに、あのお方は無残にも殺されてしまった。がっくりと肩を落とし、とぼとぼと夕暮れの道を歩くふたりに、お甦りになった主が近づいて来られ、一緒に歩いてくださったというのですが、ところがこのふたりは目が遮《さえぎ》られていたために、目の前におられた主イエスを認めることができませんでした。

そのふたりのために、主イエスが聖書を説明してくださっても、それでもまだ気づかない。やがて日が暮れる。そのときふたりがお願いをします。「どうか私たちと一緒にお泊まりください。もう日が暮れてしまいますから」。主はその招きに応えてくださり、一緒に食事をしてくださった、そのときです。主イエスがパンを取り、祝福して裂く姿を見て、ふたりの目が開かれます。「ああ、イエスさまだ」。その瞬間、主のお姿は見えなくなったというのです。

この物語は、私たちが今どこに生かされているのか、何のために生かされているのか、そのことを印象深く教えてくれます。このふたりの弟子も、イエスさまが目に見えたらいいのに、なんてことは言っておりません。目の前に見えていたのにわからなかったのです。ところがそのふたりの目を主が開いてくださって、「主は生きておられる」と悟ったとき、主の姿は見えなくなりました。

そうしたら、このふたりの弟子はじっとしていることができなくなりました。誰に頼まれるでもなく、今来た道を急いで引き返して行きました。他の仲間にも「イエスは生きておられる」と伝えるためです。ルカはそこにも〈主イエスの証人〉の姿を描いています。

エマオからエルサレムまで十キロ以上、このふたりの弟子は夜道を急ぎました。たった今歩いてきた道を戻りながら、この道を一緒に歩いてくださった主のことを思いながら、何よりも、主イエスが教えてくださった聖書の言葉を反芻《はんすう》しながら、喜びにあふれて夜道を走り続けたと思います。そのふたりに主が委ねてくださった働きも、「イエスは生きておられる」と証言することでしかありませんでした。ここに、私たち教会の働きの原型があります。

2　教会の言葉の誕生　（2・1〜24）

そこで、ペトロが十一人と共に立って、声を張り上げ、話し始めた。「ユダヤの方々、またエルサレムに住むすべての人たち、知っていただきたいことがあります。私の言葉に耳を傾けてください」。（2・14）

教会の言葉の誕生

「五旬祭の日が来て」（1節）とあります。これは意訳であって、原語に「祭り」という意味はありません。直訳すると「五十日目が満ちて」。ギリシア語で「五十番目」を「ペンテコステ」と言います。その数字がそのまま教会の祝い日の呼び名になりました。聖霊が注がれ、教会が生まれたのです。

「突然、激しい風が吹いて来るような音が天から起こり、彼らが座っていた家中に響いた。そして、炎のような舌が分かれ分かれに現れ、一人一人の上にとどまった。すると、一同は聖霊に満たされ、霊が語らせるままに、他国の言葉で話しだした」（2〜4節）。

聖霊とは何でしょうか。使徒言行録の理解によれば、聖霊とは〈教会の言葉〉を生み出す神の力でありました。聖霊が新しい言葉を与えてくださって、そこから教会の歴史は始まったのです。それで、教会の代表者である使徒ペトロが語り始めました。

「そこで、ペトロが十一人と共に立って、声を張り上げ、話し始めた。『ユダヤの方々、またエルサレムに住むすべての人たち、知っていただきたいことがあります。私の言葉に耳を傾けてください』（14節）。

私自身子どもの頃から、「ペンテコステ＝教会の誕生日」と覚えさせられました。しかしそれはまた同時に、〈教会の言葉〉の誕生でもあったのです。聖霊が、教会に新しい言葉を与えてくださいました。いまだかつて誰も聞いたことのない言葉です。だからこそ、すべての人に耳を傾けてもらわなければなりません。もちろんその言葉の中心主題は、イエス・キリストの証言です。

この出来事は、そこに居合わせた人びとを驚かせました。「この物音に大勢の人が集まって来た」（6節）とありますから、「あの激しい風は何だろう」とか「あの炎のような舌は何だ」とか、そういう驚きもあったかもしれませんが、それが人びとの驚きの中心にはなりませんでした。この人びとは教会の〈言葉〉に対して驚いたのです。

「そして、誰もが、自分の故郷の言葉が話されているのを聞いて、あっけにとられた。人々は驚き怪しんで言った。『見ろ、話をしているこの人たちは、皆ガリラヤの人ではないか。どうして、それぞれが生まれ故郷の言葉を聞くのだろうか』」（6〜8節）。

ここでひとつ説明が必要でしょう。5節に「さて、エルサレムには天下のあらゆる国出身の信仰のあつい人々が住んでいたが」とあります。ユダヤ人という民族は、今でも同じような状況がありますが、かなり早い時代から国外に移住する者が多かったようです。政治的、経済的理由など、いろいろな理由があったと言われます。「天下のあらゆる国出身の」とは決して大げさな表現ではありません。「ディアスポラのユダヤ人」という表現があります。「散らされたユダヤ人」という意味です。ユダヤ人というアイデンティティを失うことなく、しかもおのおの住むところの生活に親しみ、たとえ旧約聖書が書かれたヘブライ語を話せなくなっても、それでもそういうユダヤ人たちがエルサレムを慕い、今は再び憧れの都に住むことができている。そういう人たちが、自分たちの大切な祭りの中で思いがけない出来事に遭遇し、こう言ったのです。

「見ろ、話をしているこの人たちは、皆ガリラヤの人ではないか。どうして、それぞれが生まれ故郷の言葉を聞くのだろうか。私たちの中には、パルティア、メディア、エラムからの者がおり、また、メソポタミア、ユダヤ、カパドキア、ポントス、アジア、フリギア、パンフィリア、エジプト、リビアのキレネ側の地方に住む者もいる。また、滞在中のローマ人、ユダヤ人や改宗者、クレタ人やアラビア人もいるのに、彼らが私たちの言葉で神の偉大な業を語っているのを聞こうとは」（7～11節）。「なぜこの人たちは、ガリラヤ人なのに、自分たちの言葉を語っているのだろうか」というのですが、本当の理由はひとつしかありません。聖霊なる神が、教会を通して、ひとりひとりに語りかけてくださったのです。そこにいたユダヤ人たちは、その神の新しい語りかけに触れたのです。

出来事の言葉・説教

教会が語り始めた言葉の新しさ、その中心にあるのは、主イエス・キリストのことです。14節以下で、ペトロがキリスト教会史上初の説教を語り始めますが、その結びの言葉はこうです。「だから、イスラエルの家はみな、はっきりと知らなくてはなりません。あなたがたが十字架につけたこのイエスを、神は主とし、またメシアとなさったのです」（36節）。

ところで、ひとつ興味深い言葉があります。「ユダヤの方々、またエルサレムに住むすべての人たち、知っていただきたいことがあります。私の言葉に耳を傾けてください」（14節）。ここで「言葉」と訳されているギリシア語は広い意味を持ちます。「言葉」と言えば、「ロゴス」というギリシア語を思い出す方もいると思います。ヨハネによる福音書の冒頭に「初めに言《ことば》があった」とあるのは、「初めにロゴスがあった」ということです。しかしここで用いられるのはロゴスではなくて、「レーマ」

というギリシア語です。この「レー」から英語のレトリックという言葉も生まれました。もっとも現代の日本語でレトリックと言うと、どうも口先だけで詭弁《きべん》を弄《ろう》しているようなニュアンスさえ持ちかねませんが、原語は正反対で、むしろ「言葉」と「出来事」を合わせたような意味を持ちます。中身のある言葉です。重みのある言葉です。その〈言葉〉そのものが出来事であるような言葉です。日本語の「こと」という言葉に対応するかもしれません。「言葉」の「こと」、「出来事」の「こと」です。ルカは、このレーマという言葉を好んで使いました。

「私たちの先祖の神は、あなたがたが木に掛けて殺したイエスを復活させられました。……私たちはこのことの証人であり、また、神がご自分に従う人々にお与えになった聖霊も、このことの証人です」(5・30、32)。

「私たちはこのことの証人であり」というのは、「この言葉の証人」と言ってもいいし、「この出来事の証人」と言っても差し支えないのです。5章20節にも、「行って神殿の境内に立ち、この命の言葉を残らず民衆に告げなさい」とあります。「この命の出来事を告げなさい」と訳してもよいのです。

ペトロがここで声を張り上げ、話し始めた言葉も、本当に重みのある言葉であったと思うのです。「私の言葉に耳を傾けてください」。そのように教会が語り始めている言葉自体が、神の出来事だったのです。だから17節以下ではヨエルの預言を引用します。神の霊が注がれると、老人も若者も新しい言葉を語り始めると言います。ペトロもまた、新しい言葉を語らせていただいた。そのペトロの存在もまた、神の出来事そのものであったのです。

教会も、説教も、神の出来事

昔、私はこう考えていたことがあります。「教会の説教とは、神の出来事を指差す指のようなものだ。キリストの復活という決定的な出来事を指差す、その指自体に価値があるわけではない」。あるいは、「説教者とは、ニュース原稿を読み上げるアナウンサーのようなものだ。大切なのはキリストの十字架と復活という決定的な出来事であって、それを伝えるアナウンサーに注目する人はいない。説教者も、自分に注目させるような説教をしてはならない」。けれども今は、考えを改めました。ペトロが神の霊を受けて、「私の言葉に耳を傾けてください」と声を張り上げたとき、そのペトロの言葉は、出来事を指差すだけの指ではありません。ペトロの言葉、またペトロの存在が丸ごと、神の霊の出来事だったのです。そうであれば、むしろ説教者は、自分に注目してもらわなければなりません。教会は、声を張り上げて、人びとに注目してもらわなければならないのです。

三度主イエスのことを裏切ったペトロです。そのペトロが、「私の言葉に耳を傾けてください」と言って、主イエスのことを証ししています。ただニュース原稿を読み上げているのではありません。

いや、こういう言い方は本物のアナウンサーにも失礼でしょう。本当に力のあるアナウンサーというのは、その人の存在と言葉がひとつになっているものだと思います。ましてペトロの言葉は、ペトロの存在とひとつになって、神の出来事として用いられています。

今私たちも、自らを見つめ直したいと思います。私たちの生きる教会は、神の出来事なのです。教会が語る言葉もまた、聖霊の出来事にほかなりません。神が教会に委ねてくださっている〈言葉〉を、心新たに刻み直したいと思います。それが22節以下に凝縮して記されていると信じます。

「イスラエルの人たち、これから話すことを聞いてください。ナザレの人イエスこそ、神から遣わされた方です。神は、この方を通してあなたがたの間で行われた奇跡と不思議な業としるしとによって、そのことをあなたがたに示されました。あなたがた自身がご承知のとおりです。このイエスを神は、お定めになった計画により、あらかじめご存じのうえで、あなたがたに引き渡されたのですが、あなたがたは律法を知らない者たちの手によって、はりつけにして殺したのです。しかし、神はこのイエスを死の苦しみから解放して、復活させられました。イエスが死に支配されたままでおられるなどということは、ありえなかったからです」(22〜24節)。

3　イエスの名によって歩きなさい！（3・1〜16）

ペトロはヨハネと一緒に彼をじっと見て、「私たちを見なさい」と言った。（3・4）

ペトロは言った。「私には銀や金はないが、持っているものをあげよう。ナザレの人イエス・キリストの名によって立ち上がり、歩きなさい」。（3・6）

私たちを見なさい！

教会の伝道が始まりました。そのときに教会が語り始めた言葉が、このように伝えられています。「私たちを見なさい」。その後二千年来変わることなく、教会はこのことを語り続けてきました。神が教会に委ねてくださった伝道の言葉とは、結局のところ「私たちを見なさい」という、このひと言から始まるのです。

話のきっかけは、このようなものでした。「美しい門」という神殿の門の傍《かたわ》らで、生まれつき足の不自由な人が物乞いをしていました。４章22節には、この人は四十歳を過ぎていたと書いてあります。四十年以上、一度も自分の足で立ったことがなかったのです。五歳のときも、十歳のときも、十五歳のときも、自分の足で立てないということは、そのときそのときで特別なつらさがあったと思います。両親もつらかったでしょう。そのような少年がやがて大人になり、親の保護も得られなくなったとき、生きる手段は物乞いしかありませんでした。「神殿の境内に入る人に施しを乞うため、毎日『美しい門』と呼ばれる神殿の門のところに置いてもらっていたのである」（２節）。そういう生活を、何十年と続けていたのでしょう。その男の存在が、既に神殿の片隅の風景の一部と化しておりました。

　ところがこの日、新しい出会いが起こりました。この人がキリストの教会に出会ったのです。そのとき、いったい何が起こるのでしょうか。「私たちを見なさい！」という言葉は、そのことを象徴的に伝えてくれていると思います。

　ここで印象的なことは、「見る」という意味の言葉が４度繰り返されることです（ちなみに、原典のギリシア語ではすべて異なる動詞が使われています）。

「彼はペトロとヨハネが境内に入ろうとするのを見て、施しを乞うた」（３節）。

「ペトロはヨハネと一緒に彼をじっと見て、『私たちを見なさい』と言った」（４節）。

「その男が、何かもらえるのかと期待して二人に注目していると……」（５節）。

ひとりの男が、最初は何気なくふたりを見て、施しを乞うのです。それに気づいた教会が、その人をじっと見つめ返します。既に教会をぼんやり眺めている人に、「私たちを見なさい。もっときちんと見なさい」と呼びかけます。それに答えて、その人は改めてふたりに注目するのです。

教会は、見てもらわなければならない姿を、生き方を、神から与えられています。しかし、いったいどういう〈私たち〉を見てもらうのでしょうか。私たちも、伝道したいと願ってはいるのです。しかしそのときに、「私を見てください」とは言いにくい。「は？　お前のことなんか見て、何か意味ある？」と言い返されたら、しゅんとするほかないからです。けれどもペトロは言いました。「私たちを見なさい」。「私には銀や金はないが、持っているものをあげよう。ナザレの人イエス・キリストの名によって立ち上がり、歩きなさい」（6節）。

私たちの教会にも、銀や金はありません。もちろんこの言葉を文字通りに、ばか正直にとることは許されません。「私たちは、銀や金でないものを神からお預かりしている」ということです。「あなたに与えるために、神からお預かりしているものがある。それを、今あなたにもあげよう」。「ナザレの人イエス・キリストの名によって立ち上がり、歩きなさい」。実は私たちも、このお方によって歩いているのです。だから、どうかあなたも、私たちのように歩いてください！

銀や金でないものに生かされる人

私の牧師としての初任地の教会に、使徒言行録3章6節を愛誦聖句にしておられた高齢の男性がいました。三十歳のときに洗礼を受けられた、その日の礼拝で読まれた聖句が、生涯を支える言葉になりました。「私には銀や金はないが、持っているものをあげよう。ナザレの人イエス・キリストの名によって立ち上がり、歩きなさい」（6節）。

私が牧師として初めて葬儀を司式したのが、この方のお連れ合いでした。お子さんもいらっしゃらず、その後、十年以上ひとり暮らしでした。お連れ合いの葬儀を終えた二週間後、三人の洗礼入会式が行われ、小さな教会でしたから、さあお祝いだと言って、礼拝後に一緒に食事をしました。その席でこの方が立って、「つい先日自分は妻を亡くした。とうとう、ひとりぼっちになった」と言われました。三人の人が洗礼を受けて、教会がぱーっと明るくなったというときに、かえって寂しさが募ったのかもしれません。

けれどもその数か月後、今度はクリスマスの祝会で、また食事をしながらこの方が発言の機会を得ました。「四か月前に妻の葬儀をして、『とうとうひとりぼっちになっちゃった』と言ったけれども、実はあのあと、教会の人たちに取り囲まれた。『ひとりぼっちなんかじゃないよ、教会があるじゃない』と言われたんだ」。そう言いながら、けれどもこの人は、感謝を述べたのではありませんでした。

「たいへん申し訳なかった。主イエスが一緒にいてくださるのに、ひとりぼっちだなんて、とんでもないことを口にしてしまった。今ここで、主イエスにお詫びをしたい」。真剣な顔つきでそうおっしゃったこの方の顔は、特別な輝きを見せていたと思います。銀や金によってではなく、ただイエス・キリストの名によって立つ人というのは、これほどの輝きを見せるのかと思いました。

特に晩年、しばしばこの方のご自宅を訪ねました。そして本当にたくさん賛美歌を歌いました。好きな聖書の言葉はと言えば、決まって「使徒言行録3章6節」であったのに、好きな賛美歌を尋ねると十も二十も出てくるというこの方にしばしば頼まれたことは、「先生、また新しい賛美歌集を買ってきてくれんかね」。私から見ても素敵な紳士でした。自宅に来てくれるヘルパーさんにも人気があったと思います。そういうヘルパーさんと一緒に賛美歌を歌ってもらって、さらに賛美歌集をプレゼントするということが頻繁にあったようです。そういうささやかな形でも、この方は、「私には銀や金はないが、持っているものをあげよう」ということを、人生の終わりまで証しなさったのだと思います。「私が今歩いているのは、銀や金によるのではない。ナザレの人イエス・キリストの名によって、私は立つ。だから私は、一度もひとりぼっちになったことはない」。そのことを証しするように、この方は教会の仲間に囲まれて葬られました。「この人のようになりたい」と、心の底から思いました。

正しい見つめ方で

「私には銀や金はないが、持っているものをあげよう」とペトロが言ったときも、それは、「あなたも私のように歩いてごらん」ということを意味したのです。すると驚くべきことが起こりました。「すると、たちまち、その男は足やくるぶしがしっかりして、躍り上がって立ち、歩きだした。そして、歩き回ったり躍ったりして神を賛美し、二人と一緒に境内に入って行った」（7～8節）。

私は思うのですが、このような奇跡を目の当たりにしたとき、いちばん驚いたのはペトロ本人であったと思います。「ナザレの人イエス・キリスト」、このお方は本当に生きておられるのだ。このお方の名が、ひとりの人を立ち上がらせたのだ。そのことに驚き、畏れつつ、だからこそこのお方のことだけを語らないわけにはいかなくなりました。そこで、こう言うのです。

「これを見たペトロは、民衆に言った。『イスラエルの人たち、なぜこのことに驚くのですか。また、私たちがまるで自分の力や敬虔さによって、この人を歩かせたかのように、なぜ、私たちを見つめるのですか』」（12節）。

びっくりして集まってきた人たちに対して、「なぜ驚くのですか」、「なぜ、私たちを見つめるのですか」と言います。さっきまで「私たちを見なさい」と言っていたのに、ここでは「なぜ私たちを見つめるのか」と言います。もちろん矛盾でも何でもありません。「あなたがたの驚き方は間違っている。あなたがたが私たちを見つめる、その見つめ方は的が外れている」ということです。正しい驚き方をしてほしい。正しい見つめ方で、私たちを見てほしい。そう言うのです。

私たち教会は、人びとに見つめてもらうために、この世界に存在しています。教会は、イエス・キリストの証人だからです（1・8）。私たちが人びとに見てもらえなくなったら、教会はその存在意義を失います。

「私たちを見なさい」。ここに、神が教会に委ねてくださった命の言葉が集中的に語られています。「私には銀や金はないが、持っているものをあげよう。ナザレの人イエス・キリストの名によって立ち上がり、歩きなさい」。

4　堂々と御言葉を語れるように　（4・1〜31）

「主よ、今こそ彼らの脅しに目を留め、あなたの僕たちが、堂々と御言葉を語れるようにしてください」。（4・29）

イエスと一緒にいる者として

生まれつき足の不自由だった人が、教会の手によって癒やされました（3章）。ところがそのことをめぐって、ペトロとヨハネはユダヤ当局の尋問を受けなければならなくなりました。

「翌日、議員、長老、律法学者たちがエルサレムに集まった。大祭司アンナスとカイアファとヨハネとアレクサンドロと大祭司一族が集まった。そして、使徒たちを真ん中に立たせて、『お前たちは何の権威によって、誰の名によってこんなことをしたのか』と尋問した」（5〜7節）。

ペトロにとって、この場所に自分が立っているということ自体、感慨深いものがあったに違いありません。つい数か月前、主イエスもまた同じ場所で裁かれました。そのとき、ペトロは逃げました。

今は逃げません。この裁判が一区切りしたところで、「使徒たちは、イエスの名のために辱めを受けるほどの者にされたことを喜び」（5・41）とさえ書いています。「私も、ようやくここに立つことができた。主の弟子として」。もとよりペトロは、自分の意志でここに立ったのではありません。神がペトロを招き、ペトロをここに立たせてくださったのです。

私たちの教会も、ペトロと同じように神に招かれ、神のみ旨によって立ちます。その教会がどのような歩みを作るのか。この聖書の記事はそのことを鮮やかに教えてくれていると思います。

「人々は、ペトロとヨハネの堂々とした態度を見、二人が無学な普通の人であることを知って驚き、また、イエスと一緒にいた者であることも分かった」（13節）。何の取り柄もなさそうなふたりが、人びとがいぶかるほどに「堂々とした態度」で立っています。その秘密は、「イエスと一緒にいた者であることも分かった」という、この点にありました。ここでも使徒言行録は、あのときのペトロのことを思い起こしていたと思います。かつて同じ場所で主が裁かれておられたとき、ペトロは「あなたもイエスと一緒にいましたね」と問われ、「いいや、あんなやつは知らない。あの人と一緒にいたことなんか一度もない」と三度繰り返して言いました（ルカ22・54～62）。けれども今は、「イエスと一緒にいた者であること」がペトロの支えとなり、誇りとなっています。「私はイエスと一緒にいた。今も一緒にいる」。この恵みの事実が、ふたりの「堂々とした態度」を支えています。このふたりの姿勢は、今も変わることなく、私たち教会の姿勢となるのです。

自由に、大胆に、堂々と

この箇所でひとつ際立つのは「堂々と」という表現です（13、29、31節）。新共同訳では「大胆」と訳されました。原文ギリシア語を直訳すると「何でも言える」という意味の言葉です。同じ語が、古代ギリシアの民主主義の根幹となった〈言論の自由〉を意味しました。したがって、この「堂々とした態度」というのは、何も語らずとも圧倒的なオーラを放っているということではありません。「何でも言える」自由であり、大胆さです。思えばかつてペトロは、「あなたもイエスと一緒にいましたね」と声をかけられたとき、その事実を自由に口にすることができませんでした。けれども神の霊を注がれた今は、がぜん堂々と語り始めることができました。

古代ギリシアに生まれた〈言論の自由〉、それはしかし、いわゆる自由市民だけに与えられた自由でした。奴隷に言論の自由はありません。けれどもひとたび解放されて市民権を得ると、どんなことでも自由に意見を述べることができました。翻って私たちがいつも願っていることは、真実の意味で自由になりたいということです。使徒言行録は、教会が「堂々と神の言葉を語りだした」（31節）ことを伝えます。そのために、いつも私たちが忘れてはならない祈りがこれだと私は思います。

「主よ、今こそ彼らの脅しに目を留め、あなたの僕たちが、堂々と御言葉を語れるようにしてください」（29節）。

なぜ堂々と語ることができないのでしょうか。福音を妨げる力がいつも存在するからです。権力者の脅しというのは恐ろしいものです。しかしそれだけではないでしょう。幸い現代の日本は、言論の自由、表現の自由、信教の自由が法によって保障されていますから、キリストの名のゆえに当局から公然と迫害されることはありません。けれども、違った仕方で教会の言葉を拒否する空気が存在するのは事実だと思います。「宗教って怖いよね」という家族の何気ない一言が、何年にもわたって心に暗い影を落とすことがあります。だからこそ、教会は祈るのです。

イエスの名によって

ペトロとヨハネが尋問を受けた中心点はこれです。「お前たちは何の権威によって、誰の名によってこんなことをしたのか」（7節）。「こんなこと」というのは、ふたりがエルサレムの神殿で足の不自由な人を癒やしたことです。そこで問題になったことは、「誰の名によって」ということです。当局者たちがよく了解している人の権威によって奇跡が起こったのなら、何の問題もなかったのです。けれども、自分たちが十字架につけて殺したイエスの名によって奇跡が起こってしまいました。まさにその「イエスの名によって」というところに、教会の命がありました。

「皆さんもイスラエルの民全体も知っていただきたい。この人が良くなって、あなたがたの前に立っているのは、あなたがたが十字架につけ、神が死者の中から復活させられたナザレの人イエス・キリストの名によるものです」（10節）。

これに対して当局者たちは言いました。あなたがたは何をしてもよい。何を語ってもよい。けれども、ナザレのイエスの名を語ることだけは許さん。もちろん、ペトロとヨハネがそのような脅しに屈することはありませんでした（17〜20節）。

教会に委ねられている福音の土台は、「イエスの名」です。「この人による以外に救いはありません。私たちが救われるべき名は、天下にこの名のほか、人間には与えられていないのです」（12節）。私は率直に思うのですが、これは特に現代において、非常に人気を得にくい主張です。「イエスの名のほか救いはない」。他の神仏に救いはないと言い切っています。妥協の余地はありません。このようなことを「堂々と、大胆に、自由に」語ることがどんなに難しいか、想像に難くありません。

私たちの周りにも、救いを求めている人は少なくないと思います。そういう人たちに、「神さまはいるよ。あなたは神さまに愛されているんだよ」。そこまでは言いやすいかもしれません。けれども、神が教会に委ねてくださっている救いの言葉は、「イエスの名のほか救いはない」ということです。

伝道者パウロも言いました。「あなたがたの間でイエス・キリスト、それも十字架につけられたキリスト以外、何も知るまいと心に決めていたからです」（Ｉコリント２・２）。私のために命を捨ててくださった方、そして私の救いのために甦ってくださった方は、ひとりしかいないのです。このお方の愛に突き動かされて、教会はイエスの名のみを語り続けます。

聖なる僕たちの祈り

「さて二人は、釈放されると仲間のところへ行き、祭司長たちや長老たちの言ったことを残らず報告した」（23節）。権力者たちの脅しは、人間的には、本当に怖かったと思います。けれどもふたりには帰るべき場所がありました。それをここでは「仲間」と言います。私が若い頃に育った教会ではあまり聞くことのなかった表現ですが、鎌倉雪ノ下教会の牧師になって、皆が自然と「仲間」という言葉を使っていることに感銘を受けました。「仲間」と訳された言葉は、直訳すると「自分のもの」です。したがって「家族」という意味にもなります。「あの人たちは私のものだ」と言えるような関係が作られていたのです。それが、教会に生きるということです。

権力者の脅しを受けたあと、ふたりは〈わが家〉に帰りました。仲間たちの顔を見て、ペトロもヨハネも、思わず涙がこぼれたかもしれません。泣きながら、笑いながら、教会の仲間と抱き合うようにして、「祭司長たちや長老たちの言ったことを残らず報告した」。そこに〈教会の祈り〉が生まれました。「これを聞いた人たちは心を一つにし、神に向かって声を上げて言った」（24節）。

この祈りの中で、「聖なる僕イエス」という表現が繰り返されます（27、30節）。3章13節でもペトロは「僕イエス」と言いました。私たちはあまりこういう呼び方をしないかもしれません。「あなたが油を注がれた聖なる僕イエス」。神がそのみ旨を果たすために、特別に選び、聖別なさったということです。しかも29節に目を転じると、「あなたの僕たちが、堂々と御言葉を語れるようにしてください」ともあります。私たち教会もまた、聖なる僕イエスと同じように、聖霊の油注ぎを受け、神のみ旨を果たすために生かされています。ここに教会のアイデンティティがあり、使命が定まります。苦しみも、辱めをも、主イエスと共有させていただくのです。神の僕として！

その使命の中心に立つのが、「堂々と語る」ということです。「主よ、今こそ彼らの脅しに目を留め、あなたの僕たちが、堂々と御言葉を語れるようにしてください」。神の僕として、教会は御言葉を語ります。そのための教会の祈りに、神は必ず応えてくださいます。「祈りが終わると、一同の集まっていた場所が揺れ動き、皆、聖霊に満たされて、堂々と神の言葉を語りだした」（31節）。今も変わることなく、これが私たちの教会の物語となるのです。

5　神の前に立つ畏れを　（4・32～5・11）

信じた人々の群れは心も思いも一つにし、一人として持ち物を自分のものだと言う者はなく、すべてを共有していた。　（4・32）

復活の主に生かされる生活の特色

使徒言行録は、生まれたばかりの教会の様子を伝えます。「教会とは何か」。そのことについて、最も基本的なことを教えてくれます。たとえば、こう書いてあります。「使徒たちは、大いなる力をもって主イエスの復活を証しした」（33節）。教会とは、「主イエスの復活を証し」する集団です。ひとりひとりが復活の主に救われ、だからこそそこには、誰も見たことのない新しい生活が作られていきました。「信じた人々の群れは心も思いも一つにし、一人として持ち物を自分のものだと言う者はなく、すべてを共有していた」（32節）。既に2章にも似た主旨のことが伝えられていました（2・44～45）。その結果、「信者の中には、一人も貧しい人がいなかった」（34節）というのです。そこには、復活の主の命がみなぎっていました。

そこで多くの人が思い起こす旧約聖書の言葉があります。申命記15章4節です。

「あなたの神、主が相続地としてあなたに所有させる地で、主は必ずあなたを祝福されるから、あなたの中に貧しい者は一人もいなくなるであろう」。

イスラエルの人びとが決して忘れることのなかった言葉だと思います。その神の約束が、今ここに成就していると信じて、教会はその歩みを始めました。実際には貧しかったと思います。パウロの手紙を読むと、エルサレムの教会はのちにますます貧しくなり、そのために他教会から援助を受けなければならなかったことが明らかになります。既に当時から貧しい人が多かったからこそ、こういう分かち合いの習慣が必要になったのかもしれません。けれども、貧しい人がひとりだけ、そのまま放っておかれることは決してなかったのです。

制度としての共産主義が生まれたわけではありません。まして「全財産を教会にささげよ」などという、どこぞのカルト宗教が言いそうなことを要求したわけではないということは、この聖書の記事を読めばすぐにわかります。教会の誰もが自分の不動産を処分してささげたわけでもないし、そういう献金をしなかった人が肩身の狭い思いをしたわけでもないのです。事実ペトロはアナニアにこう言っています。「売らないでおけば、あなたのものだったし、また、売っても、その代金は自分の思いどおりになったではないか」（5・4）。

けれども、4章32節ではこう言うのです。「一人として持ち物を自分のものだと言う者はなく」。私有財産の否定ではありません。自分の持ち物は自分のものです。けれどもその自分のものを、これは自分のものだ、自分のために使うのだと考えることはやめたのです。そこに、復活の主の命に生かされる教会の新しさが現れています。

こういうことは、現在の教会でもさまざまな形で生きていると思います。私のいる教会にも、決して目立ちませんが、経済的に行き詰まった人が教会に助けを求めることができるような基金があり、無利子無期限でお金を借りることができます。もちろん秘密は徹底的に保持されます。教会員に対して、そのための献金が義務化されることもありません。

これは、お金だけの話ではないと思います。使徒言行録が伝えていることも、ただ経済的なことが満たされたという次元の話ではありません。「信じた人々の群れは心も思いも一つにし」と言います。心も思いもバラバラであったら、ただお金だけ与えても、本当の意味で「一人も貧しい人がいなかった」ということにはならないでしょう。齢を重ね、あるいは病を得て、そのために孤独を感じている人の傍らに教会の仲間がいるということも、「一人も貧しい人がいないように」と信じる教会の姿だと思います。そのような教会の姿勢は、今も生き続けていると私は信じています。

復活の主の恵みを欺く罪

アナニアとサフィラという夫婦がした行為は、この教会の命を裏切ることでした。だからこそ、厳しい裁きを受けなければなりませんでした。自分たちの土地を売り、その代金の一部を教会にささげながら、「土地を売った代金の全部です」と嘘をついたのです。けれども、ペトロが言うように、土地を売ったお金を全部自分のものにしたとしても、何らとがめられることはなかったのです。せめて十分の一は献金しなさい、などという指導があったわけでもないのです。しかし彼らは、この偽りのために死をもって報いられなければなりませんでした。

いくら何でも厳しすぎます。これだけの献金をしようとしたのですから、むしろ信仰熱心な夫婦であったのではないかと思います。ただちょっと見栄を張りたくなったのでしょう。もちろんそれは確かに、「貧しい人が一人もいないように」という神のみ旨とはかけ離れているかもしれません。それにしても、いきなり死んでしまったというのはあんまりです。

考えてもみてください。ここでアナニアとサフィラに神の裁きを告げたペトロは、ついこの間、主イエスが裁かれておられたとき、「お前もあのイエスと一緒にいただろう」と言われて、呪いの言葉さえ口にしながら、「あんな人と一緒にいたことは一度もない」としらを切り通しました。それで、あとから男泣きに泣いたのです。ちょっと嘘をついただけのこの夫婦に比べても、ずっと罪が重いような気がします。ペトロは、自分が恥ずかしいくらいに泣きじゃくったことを忘れたのでしょうか。アナニアとサフィラに、せめて反省の機会を与えてもよかったのではないでしょうか。もしも今、同じ厳しさで神が私たちの教会に立ち向かって来られたら、たちまちバタバタといろんな人が倒れ始めるかもしれません。

神の前に立つ畏れを

この記事は、いったい何を伝えようとしているのでしょうか。ここに「非常に恐れた」という言葉が繰り返されます。「この言葉を聞くと、アナニアは倒れて息が絶えた。そのことを耳にした人々は皆、非常に恐れた」（5・5）。「教会全体とこれを聞いた人は皆、非常に恐れた」（5・11）。神は生きておられる。その神の前に立つ恐れを知ったのです。むしろ「畏れ」と書くべきでしょう。

アナニアとサフィラに起こったことは、恐ろしいことです。その恐ろしさを、まず正直に恐れるべきです。どう理屈をこねても、この記事に対しては、さまざまな疑問が生まれるに違いありません。けれどもその疑問が、神に対する畏れを忘れさせるような疑問であるならば、そんな疑問はすぐに捨てるべきです。

神に対する畏れをきちんと保持したままで、どういう疑問が生まれるでしょうか。たとえば、私が素朴に疑問に思うことは、「なぜ私は倒されていないのだろうか」ということです。おそらく、この記事を読んでどうしても納得がいかないひとつの理由は、私自身がアナニアとサフィラよりましな人間だとは、とても思えないからです。私自身、たくさんの罪を犯しながら生きています。この記事を読む限り、自分は神を欺《あざむ》くような罪だけは犯していない、とは言えません。その私がなぜ殺されていないのだろうか。このことは、もっと素朴に疑問に思ってよいし、それだけに、もっと深く神を畏れなければならないと思うのです。

当時の人たちも同じだったと思います。アナニアとサフィラが不思議な死に方をしたとき、自分はあの夫妻とは違う、自分たちはだいじょうぶだとは、誰も言えなかったと思います。だからこそ、皆が「非常に恐れた」のです。

しかも使徒言行録は、この人びとの非常な恐れを、決して消極的な意味で伝えてはいないと思います。主イエスを死者の中から復活させてくださった神は、本当に生きておられる。そのことを真剣に受け止めた教会の新しい歩みを、なお書き続けようとしているのです。その神に対する畏れを知ることができたことは、教会にとって祝福であったと思います。

改めて問います。なぜこの夫妻は死ななければならなかったのでしょうか。神を欺いたからです。

だから、ただではすみませんでした。それ以外の答えはありません。その答えに納得できない方がいたとしても、私はそれ以上何も答えるつもりはありません。

しかしそれならば、なぜ私たちは殺されていないのでしょうか。なぜ私たちの教会は滅ぼされていないのでしょうか。正直に言って、よくわかりません。ただ、赦されているからだとしか言えません。それ以上のことは、神の領域に属することだと思います。「私は、赦されてここに生きているのだ」。その事実を、ただ畏れをもって受け入れるだけです。どうしても疑問は残ります。けれども、繰り返しますが、それが神に対する畏れを忘れた疑問であるならば、その疑問は捨てるべきです。

ペトロが裁きの言葉を告げて、たちまちこの夫婦が息絶えて倒れたとき、いちばん深い疑問を抱いたのはペトロ自身であったと思います。そしていちばん恐れたのもペトロ自身であったと思います。なぜアナニアが死ななければならなかったか。なぜ自分が赦されているのか。

私たちは、罪の赦しを信じます。しかし、罪の赦しを信じるときにさえ、神への畏れを失ってしまうのが私たちだと思います。それはとてもおかしなことです。罪の赦しを信じることと、神を畏れることは、本来ひとつのことです。そこに、教会の命あふれる歩みが造られていきました。「信じた人々の群れは心も思いも一つにし、一人として持ち物を自分のものだと言う者はなく」、まさにそのような集団が、主イエスの復活を証しする群れとして、今も生かされているのです。

6　人に従うより、神に従うべきです（5・17〜42）

「人に従うより、神に従うべきです」。（5・29）

行って、命の言葉を告げなさい！

再び使徒たちが捕らえられました。ところが不思議なことが起こりました。「夜間に主の天使が牢の戸を開け、彼らを外に連れ出し、『行って神殿の境内に立ち、この命の言葉を残らず民衆に告げなさい』と言った」（19〜20節）。生まれたばかりの教会を、神が守ってくださったのです。そこで大切なことは、何のために神がこのような奇跡を起こしてくださったか、ということです。

素朴に聖書を読むと、こういう疑問が生まれるかもしれません。これほどの奇跡を教会のために起こしてくださった神が、40節では使徒たちが鞭《むち》で打たれることを許しておられます。私は、信仰のために鞭で打たれたことはありません。正直に言えば、そんな経験は一生したくないと思っています。けれども神は、ご自分の教会が痛めつけられることを許しておられます。それを41節では「イエスの名のために辱めを受ける」と言い直しています。しかも神は、最後には彼らが殉教することさえ許しておられるのです。殉教するくらいなら、おとなしく牢に閉じ込められていたほうがましだ、というふざけた聖書の読み方だってあり得るかもしれません。もちろん使徒言行録を書いたルカは、そんなけちくさいことは考えていません。

「行って神殿の境内に立ち、この命の言葉を残らず民衆に告げなさい」（20節）。神が使徒たちを牢から解放されたのは、「この命の言葉を残らず告げる」ためでしかありませんでした。教会は、そのために生きています。教会に死に勝つ言葉、命の言葉を告げさせるために、神はどんなことでもなさいます。30節以下に記されるのは、神が教会に委ねてくださった「命の言葉」の原型です。

「私たちの先祖の神は、あなたがたが木に掛けて殺したイエスを復活させられました。神はイスラエルを悔い改めさせ、その罪を赦すために、この方を導き手とし、救い主として、ご自分の右に上げられました。私たちはこのことの証人であり、また、神がご自分に従う人々にお与えになった聖霊も、そのことの証人です」（30～32節）。

「人に従うより、神に従うべきです」

このような「命の言葉」を、何が何でも語らなければならないと思い定めておられるのは神です。

この神の変わらざるご意志に気付いていたからこそ、使徒たちは「人に従うより、神に従うべきです」（29節）と言わなければなりませんでした。「あの名によって教えてはならないと、厳しく命じておいたではないか」（28節）という権力者の脅しに逆らって、そう言ったのです。権力者の脅しが怖くなかったはずはありません。それでも「人に従うより、神に従うべきです」と言ったのは、神は生きておられるという事実を、神に突きつけられたからです。神の前に立つ畏れに生きたのです。

この聖句をドイツ語独特の飾り文字で書いたものが、私のいる鎌倉雪ノ下教会の一角に飾られています。当時の牧師であった加藤常昭先生が東ドイツで手に入れたものです。東ドイツという国家は、もちろん現存しません。僅か四十年で滅びました。それにしても、東ドイツという国は教会にとって決して居心地の良い場所ではありませんでした。そのような国に生きる教会を、加藤常昭先生は熱心に訪問されました。「人に従うより、神に従うべきです」という額入りの飾り文字も、東ドイツの教会のバザーで買い求められたそうです。まだ幼いような少年が自分で書いた作品を売って、収益を教会に献げていたのです。その少年にもきっと厳しい戦いがあったと思います。「人に従うより、神に従うべきです」。

死の壁の前に立ち

東ドイツという国家に生きた教会の姿勢は、今なお私たちにも多くのことを教えてくれます。そのことを学ぶために、たいへん良い書物があります。アンネリーゼ・カミンスキーという女性の自伝です（『開かれた扉』教文館、二〇一〇年）。東ドイツにおけるキリスト教会がどういう戦いをしなければならなかったか、それが自伝という形で紹介されていることは、それだけでも貴重なものがあると思います。その戦いの中核にあったのも、「人に従うより、神に従うべきです」という御言葉であったことは間違いのないことです。

この書物の付録として、かつて日本基督教団の総会議長でもあった鈴木正久牧師の説教が収められています。一九六一年九月、ベルリンで行われた伝道集会で語られたものです。その前月にはベルリンの壁の建設が始まっていました。今考えれば狂気としか言いようがありませんが、なぜあんな壁を人間は建てたのでしょうか。たとえば、ある日突然、東京二十三区の西半分に日本人は入ってはならんと、二十三区の西半分を取り囲む高い壁が造られたということになったら、それがどんなにおかしなことかすぐにわかります。東ドイツという国家は、それをやったのです。二十八年間という僅かな時間ですが、その壁は立ち続けました。多くの家族がその壁によって引き裂かれました。

鈴木正久牧師は、「死の壁の前に私どもは立っている」と言いました。「これは死の壁だ」。そう鈴木牧師が言い切ったとき、それは一方では、権力者の恐ろしさを正直に述べたという面もあるでしょう。権力者というものは、自分の権力を守るためならどんなことだってするのです。そういう権力が最後に振りかざすのは死の力です。「死にたくなかったら、われわれに従え」。使徒たちも、同じことを経験したのです。

鈴木牧師自身、第二次世界大戦中にたいへん厳しい経験をしなければなりませんでした。まだ三十歳かそこらの経験です。それを正直に説教の中で語っておられます。

「私が思い起こすのは、故国日本において、ひとりのキリスト者、そして牧師として、先の戦争のさなかに体験したことであります。

当時私どもは、厳しい、軍国主義的な、全体国家的な政権のもとにありました。秘密警察の者たちが何度も牧師館を捜索しました。毎日曜日の礼拝においては、私の説教を筆記する用意をしておりました。私に付けられた名札には公然と『危険人物』と記されておりました。教会員はだんだんと礼拝に来ることができなくなりました。かつてはほぼ二百名もの教会員が礼拝ごとに集まりました。だが最後には、六名か七名の教会員がようやく来ることができました。当時、私は生きているよりも死んだ方がましではないかとさえしばしば思ったほどなのであります。

そのように私どもはまことにしばしば死の壁、城壁の前に立つのであります。……」

そう言いながら鈴木牧師は、「今われわれの目の前にも死の壁が立っている」と、ベルリンの壁を指差して言うのです。鈴木牧師だって恐かったのです。「死の壁」の前に立たされて、死んだ方がましだとさえ思ったのです。けれども、この「死の壁」という表現は、この壁は必ず崩れるということを預言者のごとく言い切った発言でもあると思います。死の壁は、必ず崩れる。既に主イエス・キリストによって崩されているのです。

死の壁を砕く神を信じて

使徒たちも、死の壁の前に立たされました。牢の中に閉じ込められました。牢の壁の前で、いったい彼らは何を思ったでしょうか。けれども神が、天使を遣わして、その牢の扉を開いてくださいました。死の壁を打ち砕いてくださいました。そのとき彼らは、神は生きておられるという事実を突き付けられました。「私たちは、死の壁を信じない」。そこに生まれた信仰の決断です。「人に従うより、神に従うべきです」。

私たちも、今も問われています。死の壁を信じるのか。主イエス・キリストの命を信じるのか。目に見える壁を信じるのか。目に見えない神を信じるのか。「人に従うより、神に従うべきです」。この決断に生きる教会に、神は今も、命の言葉を委ねてくださるのです。

7　教会の姿勢を整えて　（6・1〜7）

「そこで、きょうだいたち、あなたがたの中から、霊と知恵に満ちた評判の良い人を七人探しなさい。彼らにその仕事を任せよう。私たちは、祈りと御言葉の奉仕に専念することにします」。（6・3〜4）

教会の使命と職制

「そこで、十二人は弟子たち全員を呼び集めて言った」（2節）。ここには、キリスト教会最初の教会総会の姿が描かれています。「弟子たち全員を」というのは、「教会員全員を呼び集めて」という意味です。そのような会議を招集しなければならない事情が起こりました。その会議で教会が決断したことが、今なお教会の歴史を支え続けていると言っても過言ではないのです。

「私たちが、神の言葉をおろそかにして、食事の世話をするのは好ましくない。そこで、きょうだいたち、あなたがたの中から、霊と知恵に満ちた評判の良い人を七人探しなさい。彼らにその仕事を任せよう。私たちは、祈りと御言葉の奉仕に専念することにします」（2～4節）。

この会議で教会が決断したことは、正確に言えばふたつの事柄です。ひとつは、「私たち（十二使徒）は、祈りと御言葉の奉仕に専念することにします」。現代のプロテスタント教会の言い方で言えば、牧師職（教職）が確立したということです。そしてもうひとつの決議事項は、「食事の世話をする」ために、「霊と知恵に満ちた評判の良い人を七人探しなさい。彼らにその仕事を任せよう」。これは教派によって理解が違いますが、たとえば私のいる鎌倉雪ノ下教会では、これを執事（奉仕者）と呼ばれる職務の起源と考えます。

既にキリスト教会は二千年の歴史を持ちますから、教会・教派によって制度もかなり違います。ですから、右の説明にしっくりしないものを感じる方もおられるかもしれません。けれども、どの教会・教派にも必ず職制（職務の制度）があります。教会の中に人間の上下関係があるという意味ではありません。すべてのキリスト者は平等です。しかし主の体である教会は、神から委ねられた使命を果たさなければなりません。その使命遂行のために、教会は必ず職制を必要とするのです。

この使徒言行録の記事は、教会が初めて〈職制〉ということを真剣に考えなければならなくなった、その経緯を伝えてくれます。その意味でもたいへん貴重な記事です。

教会の必然的な悩み

きっかけは思いがけないことでした。「その頃、弟子たちが増えてきて、ギリシア語を話すユダヤ人からヘブライ語を話すユダヤ人に対して苦情が出た。日々の分配のことで、仲間のやもめたちが軽んじられているというのである」(1節)。「弟子たちが増えてきて」というのは、教会員が増えたということですから、とても幸いなことです。教会は最初から迫害を受けながら、それでも熱心に伝道し、その実りを豊かに与えられていました。けれどもそこで使徒言行録はたいへん正直なことを書きます。教会員が増えたら、トラブルも増えたというのです。

「ギリシア語を話すユダヤ人」というのは、外地で生まれ育ったユダヤ人ということです。ユダヤ民族の本来の言語であるヘブライ語は、多少話せたとしてもそれほど流ちょうではない人が多かったと思います。そういう人たちが母国に帰ることができ、しかもエルサレムでキリストの福音に触れて、教会員になっていたのです。それに対して「ヘブライ語を話すユダヤ人」というのは、ずっとユダヤの地に住み続けている生粋のユダヤ人です。言葉が通じにくいということもトラブルの原因であったかもしれませんし、妙な差別意識もあったかもしれません。特にそういうところで苦しい立場に置かれたのが、やもめたちでした。社会的にいちばん弱い立場の人たちです。

こういう話は、少しでも教会生活を真面目にしている人なら、容易に理解できることだと思います。教会というのは、昔から親しい人たちだけで仲良くやっている限りは、あまり問題は起きません。しかし新しい人が増えてくると、次々と新しい問題が起こってきます。かつて、伝道に関する講演の中でこんな言葉を聞いたことがあります。「居心地のいい教会を作りたいなら、なるべく伝道しない方がいい」。もちろん痛烈な皮肉です。そこでこの講演をした牧師は、箴言14章4節を引用しました。「牛がいなければ飼い葉桶は清潔」（新共同訳）。ところがここで使徒言行録が正直に伝えることは、まさしく牛が増えてきたために飼い葉桶が不潔になってきたということなのです。

私たちのいちばんの悩みというのは、何と言っても人間関係でしょう。とても難しいことです。考え方の違う人と一緒に生きるということは。教会に来ればそんな悩みからも解放されるかと思ったら、とんでもない、ますます深刻な悩みに巻き込まれるということが、きっと起こります。なぜなら、教会ほど多種多彩な人が集まる場所も珍しいからです。年齢も性別も性格も、仕事も学歴も考え方も、全然違います。「ギリシア語を話すユダヤ人」と「ヘブライ語を話すユダヤ人」だって、教会に来なかったら一生お付き合いをする機会もなかったかもしれません。その意味で、ここに起こったトラブルは〈不幸な事故〉ではありません。〈教会の必然〉です。だからこそ、もし教会がこの悩みを乗り越えて、教会でなかったら出会うはずのなかった人たちが一緒に生きることができたら、この世界に対してどんなに大きな証しになるだろうかと思うのです。

キリストの弟子として立つために

この悩みの中で、使徒たちは改めて問い直しました。教会をひとつに結んでいる絆は何か。その関連で注目すべき言葉があります。ここで使徒言行録は、教会員すべてを「弟子」と呼びます。使徒言行録が大切にしている表現ですが、興味深いことに、使徒言行録が「弟子」という言葉を使うのはこの箇所が最初です。教会員が一緒に生きることが難しくなった、まさにその文脈で初めて「弟子」という言葉を用いるのです。

信仰に生きるとは、主の弟子になることです。そのことだけが、教会をひとつにする絆です。お互いにどんなに違っていても、どんなに意見が合わなくても、「私たちはキリストの弟子だ」という一点において一致できるなら、教会はひとつになれます。逆に言えば、この一点をいい加減にして、手練手管を尽くして教会をうまく運営しようとしても、それは決して主の御心ではありません。

キリストの弟子として立つために。そのために教会は神の御言葉を聴くのです。そのことに専念する職務を立てるのです。ついでに、ここで「祈りと御言葉の奉仕」と言われていることは、二種類の奉仕ではなく、ひとつの奉仕として考えるべきです。祈りとは、私たちが一方的に神に何かを申し上げることではありません。御言葉を語る奉仕をするためにも、まずは神から言葉を聴かなければなりません。既にそれが「祈り」でしょう。丁寧に言えば、「祈りの中で御言葉を聴きつつ、これを語る奉仕に専念する」ということになります。

私自身、「祈りと御言葉の奉仕に専念する」牧師です。だからと言って、教会のさまざまな事務作業や、いろんな苦情に対応することを断ってはいません。そういうことを「雑用」と呼んで嫌うのは、牧師としての堕落でしかありません。けれどもここで使徒たちが明言していることは、それらが祈りと御言葉の奉仕を妨げることになるならば、他の人がその務めにあたるべきだということです。この決断が、のちの教会の基本的な姿勢を定めるものとなりました。「私たちは、主の弟子だ。主の弟子として、私たち教会は、主の御言葉を聴き続ける」。

まさにそのようにして、「こうして、神の言葉はますます広まり、弟子の数はエルサレムで非常に増えていき」（7節）ました。その歴史は、今なお私たちに引き継がれています。

神の霊と知恵に満ちた奉仕

もうひとつ、この最初の会議で教会が決断したことは、食事の世話をする職務の確立です。最初に確認したように、教会の中に上下関係はありません。御言葉に奉仕する高級な職務とは別に、それより劣った人たちに食事関連の雑務を押し付けた、という話では絶対にありません。「あなたがたの中から、霊と知恵に満ちた評判の良い人を七人探しなさい。彼らにその仕事を任せよう」（3節）。たかが食事の分配、しかしそういうことで教会は簡単に崩れるのです。私たちは罪人だからです。その世話をするために立てられる人たちは、「霊と知恵に満ちた」人、つまり神の霊に助けられ、神の御言葉の知恵を与えられた人でなければなりません。事実、使徒言行録はこのあとすぐに、この七人の中のステファノが力ある説教を語り、そのために最初の殉教者とされたことを伝えるのです。

最初に書きましたように、私が仕えている鎌倉雪ノ下教会では、この箇所を執事職の起源と考えます。その任職式でも必ずこの記事を読みます。少なくとも私のいる教会では、執事たちの奉仕は人の目に留まらないことのほうがずっと多い。牧師も知らないような教会員の悩みに寄り添っています。毎週日曜日、教会堂のいちばん奥のいちばん目立たない部屋で献金の集計をしています。けれどもそういうことを言い出したら、結局すべての教会員が実にさまざまな奉仕に召されている、その尊さを思わないわけにはいきません。そのすべての場所に、神の霊が注がれ、神の知恵が満ち満ちているように。そのために、教会は主の弟子として、主の御言葉を聴き続けて生きるのです。

8　その顔は天使のように　（6・8～15、7・54～8・1a）

人々が石を投げつけている間、ステファノは主に呼びかけて、「主イエスよ、私の霊をお受けください」と言った。そして、ひざまずいて、「主よ、この罪を彼らに負わせないでください」と大声で叫んだ。こう言って、ステファノは眠りに就いた。（7・59～60）

ステファノと「ギリシア語を話すユダヤ人」

ここにステファノという人物が出てきます。6章の最初の部分で、教会の食事の分配の奉仕のために選任されたはずですが（6・5～6）、なぜか食事の話はひとつもなく、むしろここではステファノが「恵みと力に満ち、すばらしい不思議な業としるしを民衆の間で行っていた」（6・8）と言います。その言葉もたいへん力強く、反対者たちがステファノに議論を挑みましたが、まったく歯が立ちませんでした。そのために、ステファノは最初の殉教者になりました。

ここで大切な意味を持つのが、9節に出てくる地名です。「ところが、『解放奴隷とキレネ人とアレクサンドリア人の会堂』と呼ばれる会堂の人々、またキリキア州とアジア州出身の人々などが立ち上がり、ステファノと議論した」(6・9)。いずれも外地出身の人たちです。前回の箇所で、「ヘブライ語を話すユダヤ人」と「ギリシア語を話すユダヤ人」の間でトラブルが起こり、その解決のためにステファノたちが選ばれたという話がありましたが、ここに出てくる論敵たちも「ギリシア語を話すユダヤ人」なのです(ただし、こちらはもちろんキリスト者ではないユダヤ人です)。

ユダヤ人の本来の母語はヘブライ語です。旧約聖書もほとんどの部分がヘブライ語で書かれました。ところがユダヤ人という民族は、現代でも似た状況ですが、当時からさまざまな事情で国外に移住せざるを得ない者が多くありました。何世代も外国に住んでいると、当然ヘブライ語は母語でなくなってきます。当時の国際語はギリシア語でしたから、自然と「ギリシア語を話すユダヤ人」が増えるわけです。それでも彼らは神の民としての誇りを失うことはなく、遂に今や聖なる都エルサレムに住むことができているのです。しかし言葉の壁は思いのほか高く、そのために心の壁も生まれてしまったかもしれません。それで、「解放奴隷とキレネ人とアレクサンドリア人の会堂」というような自分たちの会堂を別に作って、礼拝生活をしていたのです。

ステファノをはじめとする七人の食事の世話役たちも、全員ギリシア語を話すユダヤ人です。名前ですぐにわかるのです。「ステファノ」とはギリシア語で「冠」を意味します。もしも現代の日本に、片言の日本語しか話せない「ステファノ」という名の日本人がいたら、どうしてもいろんな面で苦労するでしょう。だからこそステファノたちが、「ギリシア語を話すユダヤ人キリスト者」のために食事の世話をし、さらに結果として御言葉の奉仕もすることになったのだと思います。ペトロなどはガリラヤの漁師でしたから、ギリシア語で説教することはやはり難しかったでしょう。

いちばん激しく腹を立てたのは

ところが、そのステファノの言葉を厳しく聞き咎《とが》めたのが、他でもない「ギリシア語を話すユダヤ人」でした。その論点は、要するに〈律法〉と〈神殿〉の二点に尽きました。

「私たちは、あの男がモーセ〈律法〉と神を冒瀆《ぼうとく》する言葉を吐くのを聞いた」（11節）。

「この男は、この聖なる場所〈神殿〉と律法をけなして、一向にやめようとしません」（13節）。

「私たちは、彼がこう言っているのを聞きました。『あのナザレの人イエスは、この場所〈神殿〉を破壊し、モーセが我々に伝えた慣習〈律法〉を変えるだろう』」（14節）。

〈律法〉と〈神殿〉。ユダヤ人のアイデンティティとも言うべきもので、ステファノの説教はまさにそれに触れるものであったのです。これにいちばん激しく腹を立てたのがギリシア語を話すユダヤ人であったということは、たいへん興味深いと思います。アイデンティティの危機を経験したためにかえって、歪んだ形の愛国主義に傾くことがあるのです。

彼らにも同情すべき面があったかもしれません。外国人として生きるということは、それだけで十分たいへんなことです。その人たちが念願かなって母国に帰り、エルサレムの神殿を毎日振り仰ぐことができるようになった今、ところが言葉の壁に阻まれて……。そんな彼らの誇りを、昔も今も支え続けているのが、エルサレムの神殿であり、モーセの律法であったのです。

ステファノにとって、「ギリシア語を話すユダヤ人」は最も愛すべき存在であったと思います。彼らの喜びも悲しみも、ステファノは十二使徒たち以上によく理解できたのです。ステファノ自身、ユダヤ人らしい名前を名乗ることさえ許されない環境に生まれ、しかし今は、エルサレムに住むことが許されて、その壮麗な神殿を生まれて初めて目にしたとき、どんなに深い感動を覚えたことでしょうか。けれどもそのステファノがキリストの福音に触れました。小さい頃から学び続けてきた旧約聖書の意味が、すべてわかりました。そんなステファノがいちばん福音を伝えたかった相手は、ギリシア語を話すユダヤ人であったに違いありません。そして、ステファノの言葉にいちばん激しく腹を立てたのも、ギリシア語を話すユダヤ人であったのです。

主イエスに似た姿を与えられ

このステファノの物語を読んで、ひとつ気づくべきことは、「主イエスにそっくりだ」ということです。主イエスもまたステファノと同じく、エルサレムの最高法院で裁かれました。偽証人が立てられ、同じように責められました。「この男が、『私は人の手で造ったこの神殿を壊し、三日のうちに、手で造らない別の神殿を建ててみせる』と言うのを、私たちは聞きました」（マルコ14・58）。主イエスは、目に見える建物としての神殿はお建てになりませんでした。死人のうちよりお甦りになり、〈キリストの体・教会〉という、まったく新しい神殿を建ててくださいました。ステファノもまた、「キリストの教会こそ、自分の帰るべき場所だ」と気づかされ、そこにすべての人を招こうとするのです。「あなたがたの帰るべき場所は、ここです！」

「最高法院の席に着いていた者は皆、ステファノに注目したが、その顔はさながら天使の顔のように見えた」（6・15）。印象深い表現です。天使、すなわち神に遣わされた者です。ステファノの顔を見た人は、自ずと悟らずにおれないのです。神が背後におられなかったら、こんな顔は考えられない。こんな言葉は考えられない。こんな死に方は、絶対に考えられない。

聖書を読んでいる私たちには、ステファノが「さながら天使の顔のように見えた」、その秘密がわかります。ステファノは天を仰いでいたのです。ステファノを殺した人たちが見ていなかったものを、ステファノは見ていました。「ステファノは聖霊に満たされ、天を見つめ、神の栄光と神の右に立っておられるイエスとを見て、『ああ、天が開けて、人の子が神の右に立っておられるのが見える』と言った」（7・55〜56）。天を仰ぎ、主イエスを見つめながら、ステファノは天使のごとく立つことができました。主イエスにそっくりな死に方をすることができました。

「人々が石を投げつけている間、ステファノは主に呼びかけて、『主イエスよ、私の霊をお受けください』と言った。そして、ひざまずいて、『主よ、この罪を彼らに負わせないでください』と大声で叫んだ。こう言って、ステファノは眠りに就いた」（7・59〜60）。

使徒言行録を書いたルカは、このような主イエスの十字架の上での言葉を自分の福音書に記録しています。

「父よ、私の霊を御手に委ねます」（ルカ23・46）。

「父よ、彼らをお赦しください。自分が何をしているのか分からないのです」（ルカ23・34）。

「ギリシア語を話すユダヤ人」を、ステファノはどんなに愛していたでしょうか。けれどもその愛は、十字架につけられたお方からお預かりしたものでしかありません。ステファノは死の瞬間まで、主の愛を仰ぎ続けることができました。それをルカは「天使の顔のように」と表現するのです。

ステファノの死に立ち会ったサウロ

ステファノの死に立ち会ったひとりの若者がいました。ステファノを石で打ち殺した人たちの上着の見張り番をしていたようです（7・58）。「サウロは、ステファノの殺害に賛成していた」（8・1）。教会の迫害者であったサウロが、のちに主イエスに捕らえられて教会の伝道者にさせられるのですが、ある人がこういう想像をしています。サウロは、ステファノ殺害の様子を生涯忘れなかっただろう。「主よ、この罪を彼らに負わせないでください」というステファノの叫びがサウロの記憶から消えることもなかっただろう。そして、「さながら天使の顔のように見えた」、そのステファノの顔もまた、サウロの心に焼き付いて離れなかったに違いない。

私たちも、ステファノの顔を忘れないようにしましょう。その叫びを忘れないようにしましょう。神がステファノを選び、御旨のままに用いてくださったのです。そして、今私たちもステファノと同じように天を仰ぐことができるなら、私たちの顔もさながら天使のようにされると信じます。そんな私たちの存在を、その言葉を、きっと私たちの同胞たちが待っています。そのために、今もこの国にキリストの教会が生かされているのです。

第Ⅱ部　ユダヤ・サマリア、そして異邦人に広がる福音

9　人間の壁を超える福音（8・1b〜25）

その日、エルサレムの教会に対して激しい迫害が起こり、使徒たちのほかは皆、ユダヤとサマリアの地方に散って行った。（8・1）

人間の計画によらない伝道の広がり

1節で「その日」と言われるのは、前回の箇所でステファノが殺された日のことです。この日を境に、それまでとは桁違いの激しい迫害が起こりました。それで、「使徒たちのほかは皆、ユダヤとサマリアの地方に散って行った」。ほとんどすべての教会員が、難民になってしまったというのです。明らかに教会の危機です。神のみわざは、早くも空中分解してしまうのでしょうか。ところがルカはさりげなく、むしろここに教会の歴史の重大な転機があったことを伝えます。

「さて、散って行った人々は、御言葉を告げ知らせながら巡り歩いた。フィリポはサマリアの町に下って、人々にキリストを宣べ伝えた」（4〜5節）。

こうしてサマリアの町に新しい教会が生まれました。あまりにも叙述がさりげないので事の重大さに気づきにくいかもしれませんが、これはキリストの福音が初めてエルサレムの壁を突破したという画期的な出来事です。

考えてみれば不思議なことです。実はこれまで誰ひとりとして、「他の町にも伝道に行こう」などと殊勝なことを言い出した人はいなかったのです。ステファノ殺害に端を発した大迫害と、それに伴う難民生活が、サマリア伝道のきっかけとなりました。言ってみれば、教会は行きたくないところに無理やり行かされて、その結果、福音がエルサレムの外へと広がって行ったのです。

その最初の伝道地がサマリアであったということも、確かな神のみ旨に基づくことだと思います。なぜかと言うと、ユダヤ人にはサマリアという土地に対して独特の差別感情があったからです。だからこそ当初のエルサレム教会の感覚からしても、サマリア伝道だけはどうしても考えにくかったのかもしれません。それは、罪人の弱さと言うほかありません。

「エルサレムにいた使徒たちは、サマリアの人々が神の言葉を受け入れたと聞き、ペトロとヨハネをそこへ遣わした」(14節)。一部の聖書学者たちは、エルサレムに留まっていた使徒たちはまず疑念を抱いたのだと解釈します。「サマリアで教会だと？　いかがわしい話だな。この目で確かめないと」。反対に、ペトロたちはサマリア伝道の話を聞いて驚き、大いに喜んでサマリアを訪ねたのだと考える聖書学者もいます。いずれにしても確かなことは、伝道の主は聖霊ご自身だということです。人間の提案とか、人間の計画とか、あるいは人間の祈りによって伝道が始まることは決してありません。私は、ペトロとヨハネがサマリアに教会が生まれたことを聞かされたとき、まずしたことは悔い改めであったと思います。そして同時に、主イエスが教会に与えてくださった最初の約束を、鮮やかに思い出したのではないかと思うのです。

「ただ、あなたがたの上に聖霊が降ると、あなたがたは力を受ける。そして、エルサレム、ユダヤとサマリアの全土、さらに地の果てまで、私の証人となる」（1・8）。

「ああ、主があのときおっしゃったことは、こういうことだったのか……」。主イエスは最初から「地の果てまで」と言っておられます。「サマリア」とも言っておられたのです。それなのに、誰もサマリアに伝道しようとしませんでした。伝道の主は人間ではなく、聖霊ご自身なのです。

魔術師シモン

「ところで、この町に以前からシモンという人がいて、魔術を使ってサマリアの人々を驚かせ、自分を偉い者のように言い触らしていた」（9節）。どのような魔術であったのか、具体的なことはわかりませんが、たとえば見えないはずのものが見えたり、未来のことを言い当てたり、〈魔術師〉を自称する人は現代でもたくさんいます。ほとんどはまやかしかもしれませんが、本当の問題は魔術の真偽ではありません。それを言ったら、シモンに対抗するように現れたフィリポだって、不思議なしるしを行って大勢の人を癒やしたのです（6〜7節）。フィリポの魔術もシモンの魔術もどっちもすごいけど、フィリポの方が断然すごい、という話ではありません。本当の問題は、その魔術をもって「自分を偉い者のように言い触らし」（9節）たり、「この人こそ偉大なものと言われる神の力だ」（10節）というように人の心を惑わすことです。

しかし、やはり本物は必ず人の心に通じると言うべきでしょうか、それまでシモンの魔術に踊らされていた人たちがフィリポの語る福音に触れたとき、「これは何かが違う」と感じて、洗礼を受けました。魔術師シモンさえも、フィリポから洗礼を受けました。けれども実は、まだシモンはかつての考え方から自由になっていなかったことが、すぐに明らかになりました。

このサマリアの町に、少し遅れてペトロとヨハネがやって来ました。そのあとの叙述は、正直に言って私もよく理解できません。「主イエスの名によって洗礼を受けていただけで、聖霊はまだ誰の上にも降っていなかった」（16節）とか、何をもってそう判断したのか、わからないことだらけですが、聖書がはっきり書いていないことを詮索《せんさく》することは許されないと思います。

ここで素直に驚くべきことは、それを見たシモンが敏感に聖霊の力を正しく見抜いたということです。その意味では、シモンは特別な信仰のセンスを与えられていたと言うべきかもしれません。けれどもシモンが間違ったのは、その聖霊の力を自分の所有にしたいと考え、これを金で買おうとしたことです（18〜19節）。それに対するペトロの叱責は、これ以上考えることができないほどの厳しいものでした（20〜23節）。

聖霊の力に服従する歩みを

この魔術師シモンの話は、今なお私たちに、特に現代日本の教会に多くのことを教えると思います。誰も金で聖霊の力を買おうなどとは考えないかもしれません。しかし、本当にそうでしょうか。

サマリアでの出来事を、最初から考えてみたいと思います。サマリア伝道は、人間の計画によることではありませんでした。もしも教会が聖霊の力を金で買うことができたとして、「よし、これで自分たちの好きなように伝道できる」と考えたなら、サマリア伝道は絶対に始まらなかったでしょう。けれども聖霊は、人間の小さな脳みそに縛られるようなお方ではありません。ペトロもまた、聖霊の働きの前に悔い改めさせられて、サマリアを訪問せざるを得なくなったのです。

そのペトロの前に、魔術師シモンが現れました。「あなたはすごい力を神から与えられていますね。それを私にも売ってください」。聖霊の働きに服従するのではなく、少しでも自分の力を増やしたいという誘惑は、今も消えていないと思います。

日本の教会も貧しいのです。若い人がいない。牧師が足りない。献金も減ってきた。何とかしなければ。しきりにそういうことが語られます。けれども、もしも日本のクリスチャン人口が十パーセントを超えて、それで献金も潤ってきたら、神の御心に適う伝道ができるのでしょうか。教会が初めてエルサレムの壁を超え、サマリアに伝道を始めたのは、教会の人力や財力が豊かになったからではありません。まったく逆だったのです。事実、神は教会に銀も金もお与えになりませんでした（3・6）。教会に与えられていたのは、ただ主の約束だけです。

「ただ、あなたがたの上に聖霊が降ると、あなたがたは力を受ける。そして、エルサレム、ユダヤとサマリアの全土、さらに地の果てまで、私の証人となる」（1・8）。

この約束の通り、今も教会には聖霊が与えられているのですから、人間の目には風前の灯と見えても教会は決して滅びないし、ますます伝道は広がっていくのです。その聖霊の働きの前に悔い改めつつ、服従する教会であることができますように。

10 天からの光に打たれたパウロ （9・1〜19a）

ところが、旅の途中、ダマスコに近づいたとき、突然、天からの光が彼の周りを照らした。サウロは地に倒れ、「サウル、サウル、なぜ、私を迫害するのか」と語りかける声を聞いた。

（9・3〜4）

天からの光に打たれ

教会の迫害者であったサウロが、天からの光に打たれて目が見えなくなってしまいました。そしてもう一度目を開かれ、そのまま教会の伝道者にさせられてしまいました。一度聞いたら忘れられない話です。使徒言行録はこのあとさらに二回、この〈サウロの回心〉と呼ばれる出来事を伝えています（22・6〜16、26・12〜18）。そのことひとつとっても、この出来事がただサウロ個人にとってだけでなく、教会全体にとってかけがえのない出来事であったことがわかります。

〈サウロの回心〉と一般に呼びますが、実際にはサウロが心を入れ替えたわけでも反省したわけでもありません。ただ突然、天からの光が臨んだのです。もしこの天の光を信じるならば、誰もが自分自身について望みを持つことができるし、隣人についても望みを失うことはありません。サウロの物語は、私たちひとりひとりの物語なのです。

サウロ・パウロ・小さな男

「サウロ」は「パウロ」とも呼ばれます。なぜ同じ人物がふたつの名で呼ばれるのでしょうか。たまに誤解されることがあるようですが、サウロが回心して、パウロに改名したわけではありません。「サウロ」というのはヘブライ語名です（4節で「サウル」と呼ばれるのは、ヘブライ語をより正確に発音したからで、これをギリシア語風に発音すれば「サウロ」になります）。他方「パウロ」というのはローマ風の名前、つまりラテン語名です。「サ」と「パ」ではあまりに発音が違いすぎるようですが、そういうものだと受け止めてください（なぜ「日本」が「ジャパン」になるのかと文句を言っても仕方ないのと同じです）。サウロは、ユダヤ人として考えられる限り最高の教育を受けました。しかも同時に、ローマ帝国の市民権を持つ、言わば特権階級に属しました。このようにふたつの文化的背景を持つ人間が伝道者に召されたということに、既に大きな意味がありました。

ルカはこのふたつの名を意識して使い分けているようです。一種の国粋主義者としてキリスト教会を迫害しているときにはユダヤ名のサウロを用い、そのサウロが世界中に伝道に行くというときには、グローバルに通用するようにパウロと書くのが自然であったのでしょう。しかし、もうひとつの意味が込められているかもしれません。パウロとはラテン語で「小さな男」を意味します。したがって、サウロが自らを「パウロ」と名乗るとき、その背後にはこのような思いがあったかもしれません。

「(キリストは) そして最後に、月足らずで生まれたような私にまで現れました。私は、神の教会を迫害したのですから、使徒たちの中では最も小さな者であり、使徒と呼ばれる値打ちのない者です。神の恵みによって、今の私があるのです」(Ⅰコリント15・8～10)。

最も小さなこの私に、復活の主が現れてくださった。この神の恵みを抜きにして、「今の私」の存在は考えられない。今私たちも、同じように言えるはずなのです。

サウロの〈回心〉？

「さて、サウロはなおも主の弟子たちを脅迫し、殺害しようと意気込んで、大祭司のところへ行き、ダマスコの諸会堂宛ての手紙を求めた。それは、この道に従う者を見つけ出したら、男女を問わず縛り上げ、エルサレムに連行するためであった」(1～2節)。

最も小さな男がたいへんな意気込みで走り回っています。そこからこの物語は始まります。「意気込んで」とありますが、口語訳では「息をはずませながら」と訳されました。原文は「息をする」という意味の言葉ですから、同じ「いき」でも口語訳の方が直訳に近いと言えます。息巻いて、鼻息荒く、「ムフー、ぶっ殺してやる！」ところが、予想外の妨害が立ちはだかりました。

「ところが、旅の途中、ダマスコに近づいたとき、突然、天からの光が彼の周りを照らした。サウロは地に倒れ、『サウル、サウル、なぜ、私を迫害するのか』と語りかける声を聞いた。『主よ、あなたはどなたですか』と言うと、答えがあった。『私は、あなたが迫害しているイエスである。立ち上がって町に入れ。そうすれば、あなたのなすべきことが告げられる』」（3〜6節）。

目が見えなくなったサウロは、人に手を引かれてダマスコという町に入ります。「サウロは三日間、目が見えず、食べも飲みもしなかった」（9節）。その三日間、サウロはどんなに絶望したことでしょうか。目も見えず、水すらのどを通らず、どんなに惨めな思いをしたことでしょうか。

そこで考えてみたいことがあります。一般にこの出来事をサウロの〈回心〉と呼びます。ふと気になって調べてみたら、この〈回心〉というのは明治期に造られた造語だそうです。ふつうは〈改心〉と言います。確かに言われてみれば、パウロも、そして私たちも、〈改心〉したのではありません。心を改めるのなら、勝手にひとりでやればいいのです。

これに対して〈回心する〉、心を回すということは、決してひとりではできません。その心がどちらに向いているのか、もっとはっきり言えば〈誰に向いているのか〉、そのことが決定的な意味を持つからです。心を回して、出会うべき方に出会うのです。

しかし、さらによく考えてみると、〈回心〉という表現だって不十分かもしれません。サウロは自分の心を回した結果、主イエスに出会ったわけではないからです。ただただ鼻息荒く、「ムフー、皆殺しだ！」とやっていたサウロの前に、突然主イエスご自身が立ちはだかっただけです。「サウル、サウル、なぜ、私を迫害するのか」。もちろん、そのような不意打ちを受けたなら、サウロの側でも心の向きを大きく回さないわけにはいきません。そうして私たちも洗礼を受けたのです。

主がお選びになった土の器

サウロの前に主イエスが立ちはだかったのは、新しい務めを与えるためでした。「立ち上がって町に入れ。そうすれば、あなたのなすべきことが告げられる」（6節）。その「なすべきこと」を、主はアナニアという弟子にこう告げておられました。

「すると、主は言われた。『行け。あの者は、異邦人や王たち、またイスラエルの子らの前に私の名を運ぶために、私が選んだ器である。私の名のためにどんなに苦しまなくてはならないかを、彼に知らせよう』」（15～16節）。

いささか謎めいた言葉ですが、今後本書でもこの主の言葉には何度か立ち戻らなければなりません。パウロの歩みを理解するために決定的な意味を持つ言葉であり、使徒言行録を読み進めるにつれて、その意味が少しずつ明らかになってくると思います。

ここではひとつの言葉だけを取り上げます。「私が選んだ器」と主は言われます。もちろんパウロもアナニアからこの言葉を聞いたでしょう。それを反復するように、パウロは「私たちは土の器」と書いたのだと思います。「私たちは、この宝を土の器に納めています。計り知れない力が神のものであって、私たちから出たものでないことが明らかになるためです」(Ⅱコリント4・7)。器というのは、その器自身に価値があるわけではありません。その器を使う人が、その中に何を入れ、何のために使うか、それが大切です。もっとも、「このワイングラス、ものすごく高かったんだけど、結局一度も使ってない」ということもあるかもしれませんが、それは器が気の毒というものです。

それにしてもパウロは教会を迫害していたのですから、「神さま、他の器は見つからなかったのですか?」と、当時の教会にもそういう文句を言った人が実際にいたようです。けれども神がパウロを選び、「この器に私の宝を入れる」と決断なさったのです。この神の決断によって、パウロは根本的に向きを変えられ、神の宝を納める器とされました。

再び目を開かれて

そのために、パウロは一度目を閉ざされなければなりませんでした。もちろん、再び目を開いていただくためです。

「すると、たちまち目からうろこのようなものが落ち、サウロは元どおり見えるようになった。そこで、身を起こして洗礼を受け、食事をして元気を取り戻した」（18～19節）。

「目からうろこ」ということわざはここに由来します。「元どおり見えるようになった」。いやそれどころか、それまで見えなかったものが見えるようになりました。思えば、ダマスコ途上でパウロを打った天からの光は、パウロの目を潰《つぶ》す光でしたが、また同時に、パウロの目を開くための光でもあったと言わなければなりません。だからこそパウロは、先ほど引用した「私たちは、この宝を土の器に納めています」という言葉の直前にこうも書いたのです。

「なぜなら、『闇から光が照り出でよ』と言われた神は、私たちの心の中を照らし、イエス・キリストの御顔にある神の栄光を悟る光を与えてくださったからです」（Ⅱコリント４・６）。

パウロに与えられた神の光は、私たちにも等しく与えられています。だからこそ、パウロの回心の物語は、今なお私たちに無限の励ましを与えてくれるのです。

11 ペトロの回心（10・1〜35）

そこで、ペトロは口を開きこう言った。「神は人を分け隔てなさらないことが、よく分かりました」。（10・34）

ペトロの信仰開眼

ここに伝えられているのは、ペトロの信仰開眼の出来事です。「今、ようやくわかりました。私たちの信じる神は、人を分け隔てなさらないいんですね」。これだけ取り出すと、どうということもない言葉です。けれども、このような信仰告白をしたのは、どこかの求道者ではありません。使徒ペトロ、教会の筆頭指導者の言葉です。その人が、まるで聖書を学び始めたばかりの人のように言うのです。「神は人を分け隔てなさらない。今、そのことがよくわかりました」。

このようなペトロの信仰開眼のきっかけとなったのは、コルネリウスという異邦人に福音を伝えたことでした。けれどもそれは、実はペトロが死んでもしたくなかったことでした。本当は絶対にやりたくなかった異邦人伝道を、無理やり神にさせられて、初めてペトロは知りました。「神は人を分け隔てなさらない」。

伝道とは何でしょうか。福音の宝をお預かりしている教会が、まだキリストに救われていない人たちのために福音を教えてあげることだと、私たちは常識的にそう理解しているかもしれません。間違いではありません。けれども、そこに大きな勘違いが潜んでいるかもしれません。ここで使徒言行録が伝えていることは逆です。福音を伝えられた異邦人ではなくて、福音を伝えた使徒ペトロのほうが悔い改めさせられています。伝道することによって、自分がいかに神について無知であったかを思い知らされました。「神は人を分け隔てなさらないことが、よく分かりました」。私たちは、こういう伝道の経験をしているでしょうか。

三度神に言い逆らい、三度神に説き伏せられたペトロ

このペトロの回心の経験を、使徒言行録はとても丁寧に伝えてくれています。「ペトロは祈るために屋上に上がった」（9節）。おそらくよく晴れた日だったのでしょう。建物の屋上で食事ができるのを待っていたとき、ペトロは不思議な幻を見ます。

「天が開き、大きな布のような入れ物が、四隅でつるされて、地上に降りて来るのを見た。その中には、あらゆる四つ足の獣、地を這うもの、空の鳥が入っていた」（11～12節）。

天から突然降りてきた大きな風呂敷。そこに入っていたものは、いずれも旧約聖書の規定によって食べることが厳しく禁じられているものでした。ところがそこに、「ペトロよ、これを食べなさい」と声が聞こえました。それが実は伝道の幻であったと気付いたのは、あとになってからです。

もちろんペトロは即答します。「主よ、とんでもないことです。清くない物、汚れた物など食べたことはありません」（14節）。これは食べ物の話にとどまりません。ペトロは28節でこうも言います。「ご承知のとおり、ユダヤ人が外国人と交際したり、訪問したりすることは、許されていません。けれども、神は私に、どんな人をも清くないとか、汚れているとか言ってはならないと、お示しになりました」。神がペトロに「これを食べなさい」と言われたのは、食事だけの話ではなく、異邦人にキリストの福音を伝えなさい、あの人たちと一緒にキリストの救いを分かち合いなさい、ということを意味しました。しかしそれは、ユダヤ人であるペトロにとって絶対に許せないことでした。

こういうユダヤ人の感覚は、私たち日本人にはなかなか理解できないものがあるかもしれません。しかも、他でもないあのペトロです。社会的に穢《けが》れているとされた皮膚病の人に触れられた主イエスを、ペトロはいちばん近くで見てきたのです。罪人たち、徴税人たちと喜んで食事をなさった主イエスのお姿から、いったいペトロは何を学んだのでしょうか。「皮膚病なら問題ない。徴税人も大歓迎。

しかし異邦人となると話は別だ。それだけは、絶対にだめだ」。だからこそ、少し話が先に飛びますが、11章ではペトロがコルネリウスに洗礼を授け、また一緒に食事をしたことが、エルサレムの教会で大問題になってしまいます。それほどのことですから、ここではまずペトロが神に対して非常に険しい論争をしなければなりませんでした。

「そして、『ペトロ、身を起こし、屠《ほふ》って食べなさい』と言う声がした。しかし、ペトロは言った。『主よ、とんでもないことです。清くない物、汚れた物など食べたことはありません』。すると、また声が聞こえてきた。『神が清めた物を、清くないなどと言ってはならない』。こういうことが三度あり、その入れ物はすぐ天に取り上げられた」（13～16節）。

「こういうことが三度あり」というのもずいぶん険悪な話です。「ペトロよ、食べなさい」。「いいえ、とんでもない。こんな汚れた物」。「神が清めた物を、清くないなどと言ってはならないよ。だから、食べなさい」。「いいえ、神さま、それだけは無理です」。「何度言ったらわかるんだ。ペトロよ、あなたがこれを食べるのだ」。それでも、ペトロは三度繰り返して神の命令を否定しました。「主よ、とんでもないことです。こんな汚れた物、何回言われたって、絶対に私は食べません」。「三度」というのは、単なる数字ではありません。聖書において「三」という数字は象徴的な意味を持ちます。〈完全数〉とも呼ばれます。主が十字架につけられる前に、ペトロは三度主イエスを否認しました。「あんな人のことは知らない」と、三度繰り返して言ったのです。そのときペトロは完全に主イエスを否定したし、ここでペトロは完全に神に言い逆らった。そのペトロが、完全に神に説き伏せられてしまうのです。「神が清めた物を、清くないなどと言ってはならない」。

悔い改めに向かう伝道

主題は伝道です。私たちは、この聖書の物語を自分のこととして読まなければならないと思います。「ええ？　神さま、あの人に伝道するんですか？　いくら何でも、あの人だけはあり得ないと思いますが……」。「神が清めた物を、清くないなどと言ってはならない」。そのように、私たちも神に説き伏せられて伝道させられます。そしてそのたびに、悔い改めに導かれるのです。

伝道とは、他人に何かを教えてやることではありません。少なくとも、それだけではありません。私たちは、誰かに福音を伝えることによって初めて、神が人を分け隔てなさらない方であることを知ります。この私自身が、人を分け隔てなさらない神に救われたのです。もし神が人を分け隔てなさるような方であったなら、あのペトロが救われたでしょうか。この私が救われたでしょうか。

「神は人を分け隔てなさらない」。そのことがいちばんよくわかる出来事が、キリストの十字架と復活でした。主が十字架につけられ、お甦りになったのはすべての人のため、そしてこの私のためであったと、教会は信じているのです。だからこそペトロがコルネリウスの家で改めて福音を告げたときにも、その内容はキリストの十字架と復活に集中しました（36節以下）。教会に委ねられているのは、まさにこのことです。私たちもまた、十字架につけられたキリストのことを、すべての人に分け隔てなく伝えます。しかもそのたびに、自分自身が悔い改めないわけにはいかないのです。

かつて、ある集会でこういう発言を聞きました。「伝道、伝道としきりに言われるけれども、私はまず問いたい。自分の信仰はどうなのかと。自分の信仰がまだまだ未熟なのに、人に伝道などできるのか。伝道を論じる前に、まず自分自身の信仰の成熟こそわれわれの課題ではないのか」。深い悲しみをもってその言葉を聞きました。しかし似たような発想は、どこの教会でも絶えず起こってくると思います。「まず自分の信仰がしっかりしてから、なお余力があれば、人にも伝えてあげる」という発想です。けれどもここでペトロが経験させられたことは、まったく逆です。異邦人コルネリウスに無理やり伝道させられて、初めてペトロの信仰は、それこそ成熟したものになりました。神の思いが、やっとわかったのです。悔い改めつつ、人を分け隔てなさらない神の思いを学びつつ、伝道に励みたいと願います。

12　アンティオキアの教会の誕生　（11・19～30）

さて、ステファノの事件をきっかけにして起こった迫害のために散らされた人々は、フェニキア、キプロス、アンティオキアまで行ったが、ユダヤ人以外の誰にも御言葉を語っていなかった。ところが、その中にキプロス島やキレネから来た人がいて、アンティオキアへ行き、ギリシア語を話す人々にも語りかけ、主イエスの福音を告げ知らせた。主の御手が共にあったので、信じて主に立ち帰る者の数は多かった。

（11・19～21）

アンティオキアの教会の誕生

あまり目立たない聖書の記事かもしれません。しかしここに伝えられている出来事は、教会の歴史の大きな転換点となりました。それは、アンティオキアという町に教会が生まれたということです。異邦人を中心メンバーとして成立した、歴史上最初の教会です。のちに学んでいきますように、あのパウロの伝道旅行の出発点となったのも、アンティオキアの教会です。この教会を拠点として、キリストの福音はいよいよ全世界に前進を始めたと言えるのです。

アンティオキアの教会の誕生の経緯は、たいへん思いがけないことでした。「さて、ステファノの事件をきっかけにして起こった迫害のために散らされた人々は」とあります。これは本書9章でも学んだことです。ステファノの殉教が引き金となってエルサレムに大迫害が起こり、「使徒たちのほかは皆、ユダヤとサマリアの地方に散って行った」（8・1）ということが起こります。「迫害されたら他の町に逃げなさい」という主イエスの教え（マタイ10・23）をふと思い出しますが、こんなに厳しいことはめったにありません。ほとんどの教会員が難民になったのです。それでもエルサレムの教会員は、ある意味で主イエスの教えを忠実に守り、迫害を受けたら他の町へ逃げ、その先でなお伝道を続けました。迫害されればされるほど、神の言葉はますます広がっていったのです。

ところで興味深いことに、この散らされた人びとは、「フェニキア、キプロス、アンティオキアまで行ったが、ユダヤ人以外の誰にも御言葉を語っていなかった」と言います。逆に言えば、ユダヤ人には積極的に伝道したということでしょう。ところがユダヤ人以外には、まったく誰にも伝道しなかったというのです。人間としてはそれも自然なことであったかもしれません。

けれども、遂にアンティオキアで時代が動きます。「ところが、その中にキプロス島やキレネから来た人がいて、アンティオキアへ行き、ギリシア語を話す人々にも語りかけ、主イエスの福音を告げ知らせた」。詳しい説明は省きますが、ここから本格的な異邦人伝道が始まったということです。何がきっかけになったのでしょうか。アンティオキアが大きな国際都市であったということも原因のひとつかもしれません。そこに生まれた新しい教会が、世界伝道の拠点となりました。

このアンティオキアで何が起こったのか、できることならもっと詳しく知りたいと思います。エルサレムを追われて難民となった人たちが、遂にアンティオキアという大都市に行き着いた。しかも、先ほど読んだ8章1節に「使徒たちのほかは皆……」とあるように、おそらくそこに牧師のような人はいなかったのです。信徒たちだけの集まりです。そういう人たちがアンティオキアで身を寄せ合うように礼拝の生活を続けながら、それまでは「ユダヤ人以外の誰にも御言葉を語っていなかった」のに、いよいよこの町で、「ギリシア語を話す人々（ここでは「異邦人」の意味）にも語りかけ、主イエスの福音を告げ知らせた」。そうしたら、「主の御手が共にあったので、信じて主に立ち帰る者の数は多かった」。

私たちは日本語を話すキリスト者です。その私たちが、「日本語を話す人々にも語りかけ、主イエスの福音を告げ知らせた。主の御手が共にあったので、信じて主に立ち帰る者の数は多かった」。そういう出来事が起こらないでしょうか。私たちに無限の望みを与える聖書の言葉だと思うのです。

神の恵みを見て喜び

22節以下は、段落を改めてもよかったかもしれません。「この噂がエルサレムにある教会にも聞こえてきたので、教会はバルナバを遣わし、アンティオキアまで行かせた」（22節）。これは一種の緊張感を含む言葉です。アンティオキアの教会が、本格的に異邦人伝道を始めているらしい。その噂を聞いたエルサレムの教会の中には、「そんないかがわしい集団、簡単に認められるか」という思いもあったと思います。そこで遣わされたのがバルナバでした。

それまでにも異邦人の回心の出来事がなかったわけではありません。8章26節以下ではエチオピアの宦官が洗礼を受けています。10章でもコルネリウスというローマの軍人がペトロから洗礼を受け、逆にペトロの方が「神は人を分け隔てなさらないことが、よく分かりました」（10・34）と悔い改めています。このコルネリウスの件がのちにエルサレムの教会で問題になって、ペトロは皆に釈明しなければならなくなりましたが、最後には「この言葉を聞いて人々は静まり、『それでは、神は異邦人をも悔い改めさせ、命を与えてくださったのだ』と言って、神を崇めた」（11・18）と書いてあります。しかしそれはあくまで例外的なことだと、エルサレムの教会は考えていたらしいのです。

けれどもアンティオキアの件は、いよいよ放っておくわけにはいかない。本格的に異邦人伝道を始めた教会が、しかも大教会に育っているというのです。そこでエルサレムの教会は調査に乗り出し、バルナバを派遣しました。そしてそれは、とても幸いな結果をもたらしました。心の狭い人であれば、いろいろと自分たちと違う習慣を見つけては、これは違う、あれも問題だ、この品のない賛美歌はいったい何だ、こんなのまともな教会じゃない、といちいち騒ぎ立てたかもしれません。けれどもバルナバは、「神の恵みを見て喜び」（23節）と書いてあります。アンティオキアの教会の内に神の恵みを発見する力を、バルナバは神から与えられていました。そのことを24節では「バルナバは立派な人物で、聖霊と信仰とに満ちていたからである」と言います。このようなすぐれた伝道者の支えもあり、アンティオキアの教会はますます成長を遂げることができました。

アンティオキアに招聘されるパウロ

アンティオキアの教会のために、バルナバがしたもうひとつのことがありました。「それから、バルナバはサウロを捜しにタルソスへ行き、見つけ出してアンティオキアに連れ帰った。二人は、丸一年の間そこの教会に一緒にいて、大勢の人を教えた」（25〜26節）。やがてこのアンティオキアの教会は、サウロ（パウロ）とバルナバを世界宣教に遣わすことになるのですが、最初にパウロをアンティオキアの牧師として招聘したのはバルナバだったのです。

使徒言行録の後半部の主人公はパウロです。そのパウロが伝道者として立つためにいちばん大きな支えとなったのは、何と言ってもバルナバであったに違いありません。劇的な回心を遂げたパウロを、なお疑いの目で見ていたエルサレムの教会に執り成したのもバルナバでした。

「サウロはエルサレムに着き、弟子の仲間に加わろうとしたが、皆は彼を弟子だとは信じないで恐れた。しかしバルナバは、サウロを引き受けて、使徒たちのところへ連れて行き、彼が旅の途中で主に出会い、主に語りかけられ、ダマスコでイエスの名によって堂々と宣教した次第を説明した」（9・26～27）。

バルナバは、主がパウロをお召しになった意味をよく理解していました。それにしても、よくパウロのことを覚えていたと思います。伝道者として召されたパウロですが、すぐにエルサレムでユダヤ人に命を狙われて、タルソスに逃げることになりました。それからずいぶん長い間、パウロは消息不明であったはずです。しかしバルナバは、アンティオキアに教会が育っている姿を見たとき、「今こそパウロを呼ばなければ」と悟りました。「それから、バルナバはサウロを捜しにタルソスへ行き、見つけ出してアンティオキアに連れ帰った」（25～26節）。インターネットはもちろん、電話帳すらない時代に、よく見つかったと思います。神がこのふたりを引き合わせてくださったとしか考えられません。タルソスでパウロを見つけたとき、バルナバはどんなに神に感謝したことでしょうか。見つけられたパウロも、バルナバの突然の訪問を受けてどんなに驚いたことでしょうか。これこそ神の導きと信じて、パウロはアンティオキアの牧師として、バルナバと一緒に一年間伝道するようになりました。

ひとつになって生きる教会

27節以下は唐突な感じがするかもしれませんが、とても大切なことを伝えています。アガボという預言者が世界大飢饉の予告をしたなどと言われると、どうもうさん臭いものを感じる人もいるかもしれませんが、その大飢饉は実際に起こったのです。アンティオキアはある程度被害を免れたようです。けれどもエルサレムの教会は、この大飢饉のために危機的な状況に陥りました。のちにパウロが手紙の中で、「エルサレムの教会を経済的に助けてほしい」と繰り返し書いたことも、このことと関係があるかもしれません。「そこで、弟子たちはそれぞれの力に応じて、ユダヤに住むきょうだいたちに援助の品を送ることに決めた」(29節)。この「弟子たち」とはアンティオキアの教会、「ユダヤに住むきょうだいたち」とはエルサレムの教会のことです。ひとつの言い方をすれば、ここで立場の逆転が起こっています。エルサレムの教会は、まさか自分たちが異邦人の助けを受けることになるとは夢にも思わなかったでしょう。まさにそのようにしてこのふたつの教会は、主にあってひとつの教会であることを証しすることができました。

13　祈る教会（12・1～19）

その頃、ヘロデ王は教会のある人々に迫害の手を伸ばし、ヨハネの兄弟ヤコブを剣で殺した。そして、それがユダヤ人に喜ばれるのを見て、さらにペトロをも捕らえようとした。それは、除酵祭の時期であった。（12・1～3）

風前の灯となった教会

遂に、十二使徒のひとりが殉教します。ヤコブが使徒の中で最初の殉教を遂げたのです。さらに、使徒たちの中でも筆頭格であったペトロが捕らえられます。教会の命は風前の灯です。しかしこの12章が伝えることは、それだけではありません。12章の最後のところでは、ヤコブを殺したヘロデがまことに悲惨な最期を遂げます。「するとたちまち、主の天使がヘロデを打った。神に栄光を帰さなかったためである。ヘロデは、蛆《うじ》に食われて息絶えた」（23節）。このような歴史を、ルカはどのような思いで書いたのでしょうか。神が生きておられることを、神が教会の歴史を導いてくださることを、ただそのことだけを信じて、筆を進めたのではないかと思います。

この出来事の意義を理解するために、何度でも思い起こすべき大きな歴史の転換点があります。あのステファノが迫害され、殉教したことによって、「その日、エルサレムの教会に対して激しい迫害が起こり、使徒たちのほかは皆、ユダヤとサマリアの地方に散って行った」(8・1)ということです。つまり、ここで殺されたり捕らえられたりしたヤコブ、ペトロのような使徒たちはかろうじてエルサレムに残ったけれども、ほとんどの教会員は難民として外地に逃れなければなりませんでした。もともと教会は、少なくとも生まれたばかりの頃は、エルサレムの住民の間でもある程度の好評を獲得していました。いわゆる教勢も勢いよく伸びていたのです。それがステファノの殉教によって、エルサレムの教会はたちまち消滅寸前まで追い込まれました。

12章は、その話の続きです。「その頃、ヘロデ王は教会のある人々に迫害の手を伸ばし、ヨハネの兄弟ヤコブを剣で殺した」。なぜ「その頃」、このタイミングでヘロデは教会を迫害しようと考えたのでしょうか。このヘロデ王とは、クリスマス物語に出てくるヘロデ大王の孫にあたり、ヘロデ・アグリッパ一世と呼ばれます。ちなみに福音書の中にしばしば登場する、たとえば洗礼者ヨハネを殺させたヘロデ・アンティパスは、ヘロデ・アグリッパ一世のおじにあたります。このヘロデ一家が代々ユダヤ地方の支配権をローマ帝国から与えられていたわけですが、このヘロデ一族は純粋なユダヤ人ではありませんでした。そのために、ユダヤ民族の伝統を重んじる人たちの支持率を維持するために、いつも苦労していたと言われます。だから、「そして、それがユダヤ人に喜ばれるのを見て、さらにペトロをも捕らえようとした」と書いてあるのです。ヘロデからしたら、絶好のチャンスが訪れたのです。このタイミングでキリスト教会を迫害すれば、間違いなく自分の支持率は上がる。そんなつまらない権力者のわがままに翻弄される教会の運命は、はたから見れば哀れでしかありません。

しかもこれは、教会が初めて経験した国家権力による迫害です。ユダヤ教の指導者たちや民衆が教会をいじめたというような迫害とは次元が違います。そしてヘロデの思いからすれば、まさか自分が教会をつぶしそこなうなどとは夢にも思わなかったと思います。教会はまさに風前の灯で、それをルカも丁寧に描写してくれています。「ヘロデはペトロを捕らえて牢に入れ、四人一組の兵士四組に引き渡して監視させた」（4節）。「ヘロデがペトロを引き出そうとしていた日の前夜、ペトロは二本の鎖でつながれ、二人の兵士の間で眠っていた。番兵たちは戸口で牢を見張っていた」（6節）。「第一、第二の衛兵所を過ぎ、町に通じる鉄の門のところまで来ると……」（10節）。どう考えても、ペトロが逃げ出すことはまったく不可能です。それはただちに教会の消滅にもつながりかねない事態でした。

主イエスの歩みを追う教会

ところで、ここで心を打たれることがあります。明らかにルカは、このような描写を重ねながら、主の十字架のことを思い出していたと考えられるのです。「それは、除酵祭の時期であった」（3節）という表現もそうですし、「過越祭の後で民衆の前に引き出すつもりであった」（4節）というのも、主イエスが十字架につけられる前に、「民衆が騒ぎ出すといけないから、過越祭の間はやめておこう」とユダヤの指導者たちが画策していたことを思い起こさせます。

ルカだけが伝えている、印象深い受難物語のひとこまがあります。先ほど紹介したヘロデ・アンティパスは、ずっとイエスに会いたいと願っていました。その願いが、主が十字架につけられる直前に叶ったというのです（ルカ23・6〜12）。ヘロデは、心配もしていたと思います。自分の権力を脅かしかねない人物かもしれない。いったいどんな奴だろう。ところがいざ実物を見てみると、「なんだ、こんな弱そうな奴か」。ヘロデはすっかり安心して、自分の兵士と一緒にイエスをいたぶった上でピラトのもとに送り返したといいます。

それから数年たって、またもやヘロデ一族の者が、今度は教会の指導者を捕らえて、これを叩きつぶそうとしています。そんな教会の歩みを描写しながら、ルカはそこに、十字架の主のお姿を重ね合わせていたのです。

祈る教会

このような窮地に追い込まれて、教会は祈りました。「こうして、ペトロは牢に入れられていた。教会では彼のために熱心な祈りが神に献げられていた」（5節）。ある人はこう言っています。「教会はペトロのために熱心に祈った。教会にとっては、ほかに何の力もなかったからである」。私は激しく心を打たれました。本当にそうだと思ったからです。神は教会に、祈り以外の何の力も与えてくださいません。しかしそれは、教会が祈りの力によって何かを成し遂げるという意味ではありません。「祈りの力はすばらしい、祈りさえすれば、どんな大きなことでもできる」と理解するならば、それはルカの意図からずれることになると思います。祈りとは、神の力に頼ることです。自分は無力だから、だからこそ神に頼るのです。それが〈祈る〉ということの意味です。十字架につけられた主イエスも、祈りのほか何の力も与えられていませんでした。したがって、そのキリストの体である教会にも、何の力も与えられておりません。ただ、神の力に頼るのみです。

主イエスは乳飲み子たちを呼び寄せて、「神の国はこのような者たちのものである」（ルカ18・16）と言われました。このように祈る教会の姿を見ると、この主イエスの言葉の意味が本当によくわかります。生まれたばかりの赤ん坊のような教会を、いよいよ国家権力が叩きつぶそうとしています。そんな生まれたばかりの教会が、まさに赤ん坊のように神に守られて、生かされていく姿を、ルカは畏れと感謝とをもって書き記したと思います。それが、〈祈る教会〉の姿です。

この教会の祈りは、ペトロが捕らえられてから昼夜を問わず続けられました。その教会の祈りの真っ最中に、たいへん不思議なことが起こりました。主の天使が、鎖につながれていたペトロのそばに立ち、牢から引き出してくださいました。神が助けてくださったのです。しかし繰り返しますが、それは決して、教会が祈りの力によってどんなことでも成し遂げることができる、どんな困難をも乗り越えることができる、ということではありません。そのことは、すぐに明らかになります。

ペトロが不思議な神の力によって牢から引き出されると、すぐに教会の仲間のところに飛んで行きました。そこでは教会の仲間たちが集まって、ペトロのために徹夜の祈祷会をしていました。ところがそこにペトロが帰って来たときに、何が起こったか。ロデという召し使いの女がペトロの声だと気づいて、喜びのあまり、ペトロのために門を開けることさえ忘れて、祈祷会を中止させるような勢いで「ペトロ先生が帰ってきた、わたしたちの祈りが聞かれた」と告げると、祈りをしていた人たちは、「お前は頭がおかしい」と言いました。つまり、彼らは熱心に祈りながら、その祈りが聞かれるなどということは、最初から想定すらしていなかったのです。

気持ちはわかります。既に教会の祈りも虚しく、ヤコブは殺されているのです。その命が戻って来ることは、絶対にないのです。それなら神さま、ペトロ先生だけは勘弁してくださいと、ますます教会は熱心に祈ったでしょう。けれどもその祈りもまたもや虚しく、ペトロもまたこれ以上考えられないほど、厳重に監禁されてしまいました。そういう悲しい経験を重ねた教会が、「ペトロ先生の命だけは」と祈りながら、「でも、もうだめだ。何日も徹夜で祈り続けたけれども、何も起こらない。絶対に」。そう考えたとしても、誰も彼らを責めることはできないでしょう。

信じてもいないのに、徹夜で祈る祈り。そんな祈りに何の意味があるかと言われたら、ぐうの音も出ないかもしれません。しかし私はむしろ、まさにこういうところに祈りのすばらしさがあると思います。私たちの祈りに比例して、私たちの信仰の大きさに比例して事が起こるのであれば、こんなにつまらない話はありません。私たちが祈った程度に応じて祈りを聞いてくださるような神でしかないなら、そんな神に祈る価値もないだろうと思います。けれども神は、教会の祈りを超えて、教会の不信仰さえも裏切って、祈りに答えてくださいます。その神に、今私たちも祈ることが許されているし、この神の恵みに支えられて、教会の歴史も造られているのです。

第Ⅲ部　地の果てに及ぶ福音の前進

14　世界に旅立つ教会（13・1〜12）

彼らが主を礼拝し、断食していると、聖霊が告げた。「さあ、バルナバとサウロを私のために選び出しなさい。私が前もって二人に決めておいた仕事に当たらせるために」。そこで、彼らは断食して祈り、二人の上に手を置いて出発させた。（13・2〜3）

アンティオキア教会の成長

13章は「さて、アンティオキアでは」と始まります。アンティオキアの教会の誕生と成長の経緯については、既に11章19節以下（本書12章）で学びました。ステファノの殉教がきっかけでエルサレムから逃げ出さなければならなくなった教会は、自ずと難民生活を強いられました。ところがむしろそれが、教会が世界に広がっていく決定的な端緒となりました。その象徴的な存在がアンティオキアの教会です。教会の歴史上初めて、本格的に異邦人伝道を志す教会共同体が生まれたのです。

ここで使徒言行録は、改めてアンティオキアの指導者たちの名簿を紹介しています。「さて、アンティオキアでは、そこの教会に、バルナバ、ニゲルと呼ばれるシメオン、キレネ人のルキオ、領主へロデの幼なじみマナエン、サウロなど、預言者や教師たちがいた」（1節）。筆頭に記されるバルナバがアンティオキアにやって来た経緯も、11章19節以下で学びました。もともとはあまり積極的な動機ではなかったようです。異邦人にどんどん伝道している教会が育っていると聞いて、エルサレム教会当局としては、どうもうさん臭い動きがアンティオキアで起こっているらしいから、ちょっと調べてこい、という思いもあったようなのです。けれども、そのようにアンティオキアに遣わされたバルナバは、信仰の目をもってアンティオキアの教会に与えられた神の恵みを見出すことができました。そしてそのまま、アンティオキアの主任牧師のような存在になりました。

そのバルナバが、アンティオキアの教会のためにしたことがありました。タルソスに逃げていたサウロを見つけ出し、アンティオキアの牧師として招聘したのです。これも11章19節以下のところで書いたことですが、よくサウロが見つかったと思います。奇跡としか言いようがありません。アンティオキアの教会も、神が遣わしてくださった牧師であると信じて、サウロを受け入れました。このふたりの優れた牧師を得て、アンティオキアの教会はますます成長していきました。

1節にはさらにこのような名前が並んでいます。「ニゲルと呼ばれるシメオン、キレネ人のルキオ」。ニゲルというのはラテン語で「黒人」を意味します。キレネもアフリカの都市ですから、このふたりは何か関係があったかもしれません。「領主ヘロデの幼なじみマナエン」というのも興味深い出自です。「領主ヘロデ」とは、洗礼者ヨハネの首をはねたヘロデ・アンティパスのことです。このマナエンという人がどのように導かれて教会の伝道者とされたのか、できることなら知りたいと思いますが、残念ながら何もわかりません。そして最後に、教会の迫害者であったサウロです。主が集めてくださったとしか言いようがない、実にさまざまな人たちがひとつの教会に集まっていました。

聖霊の決断による世界宣教

しかし先に書いたように、何と言ってもアンティオキアの教会の主たる指導者は、バルナバとパウロです。11章26節によれば、このふたりは丸一年の間アンティオキアの教会を指導しました。ところがその丸一年が過ぎたころ、この教会は、ひとつの危機を経験します。

「彼らが主を礼拝し、断食していると、聖霊が告げた。『さあ、バルナバとサウロを私のために選び出しなさい。私が前もって二人に決めておいた仕事に当たらせるために』。そこで、彼らは断食して祈り、二人の上に手を置いて出発させた」（2～3節）。

よく考えていただきたいと思います。アンティオキアの教会にとって、これ以上つらい決断はなかったかもしれません。「とんでもない。バルナバ先生もパウロ先生も、この教会の牧師になってまだ一年じゃないですか。これからますます伝道しないといけない。実際、教会員もどんどん増えている。今はまず、この教会の伝道・牧会に専念してください。まだ世界宣教のタイミングではありません」。私なら、教会総会でそういう意見を述べたかもしれません。

「彼らが主を礼拝し、断食していると、聖霊が告げた」とあります。具体的にはどういう状況だったのでしょうか。パウロがひとりで祈って決断したとか、パウロとバルナバがふたりで聖霊のお告げを聞いたということではなかったようです。教会が共に聞き取った聖霊の声です。「さあ、バルナバとサウロを私のために選び出しなさい」。人間的なほんねから言えば、アンティオキアの教会がいちばんしたくないことです。だからこそ、このような聖霊のお告げを皆で一緒に聞き取ったとき、これを否定することができなくなりました。「これはわれわれの計画ではない。聖霊のご計画だ」。

教会の歴史は、このような神のご意志によって導かれてきました。だからこそ、この日本という国にも教会が立っているのではないでしょうか。しばしば13章以下を〈パウロの第一回伝道旅行〉などと呼びますし、便宜上本書の目次にもそのような表現を用いましたが、厳密には違います。聖霊の決断です。それをアンティオキアの教会が、祈りの内に受け入れたのです。

魔術と対決する神の言葉

さて、ふたりが最初に向かったのはキプロス島でした。そこがバルナバの故郷であったという理由もあったようです。ここから先、どこの伝道地でもはっきりしているパウロたちの伝道方針は、「まずユダヤ人に」ということです。「パウロと言えば異邦人伝道」と連想する向きもあるかもしれませんが、このふたりがどこの町に言っても最初に訪ねた場所はユダヤ人の会堂でした。けれども結果として、総じてどこの町でもユダヤ人からは追い出され、むしろ異邦人たちのほうがパウロたちの語る御言葉に耳を傾けるようになったのです。最初の伝道地でも同じことが起こりました。キリストの福音に最初に関心を持ったのは、その地方の総督のセルギウス・パウルスという異邦人でした。わざわざふたりを招いて、神の言葉を聞こうとしたというのです。

しかし、邪魔が入りました。バルイエスという偽預言者が、何とかして「総督を信仰から遠ざけようとした」（8節）のです。この偽預言者は魔術師とも呼ばれていました。どういう魔術の使い手であったのかはわかりませんが、地方総督の心を捕らえていたほどですから、それなりの力を持った、また説得力のある言葉を語る、それだけに頭もいい人だったのでしょう。この魔術師は敏感に感じ取りました。このまま総督がキリストの福音に耳を傾けたら、自分の利益が脅かされるに違いないと。それで、パウロとバルナバはこの魔術師と直接対決せざるを得なくなりました。

聖霊によって遣わされたふたりの伝道旅行の最初にさせられたことが、魔術師との対決だったのです。意義深いことだと思います。「ああ、あらゆる偽りと不正に満ちた者、悪魔の子、すべての正義の敵」（10節）。なぜパウロたちはそこまで言わなければならなかったのでしょうか。

私たちの教会が日本人に伝道しようと考えるとき、教会の第一の敵が〈魔術〉だとはあまり考えないかもしれません。幼稚な古代人の妄想にすぎないとしか思えないからです。ところが不思議なことに、ＩＴ化著しいこの時代に、多くの人が厄除《やくよ》けをしたり占いに関心を持ったりします。恐れがあるからです。平穏なときには気にならなくても、何か試練に遭うと、魔術だろうが厄除けだろうが、どんなものにでも頼りたくなるのは、いつの時代の人間も変わりません。私が幼かったころ、新聞広告に出てくる「水子供養」という不気味な言葉が気になって仕方がなく、その意味を母親から教えられ、いたく傷つきました。大人になってから、それが実は金儲《もう》けの手段でしかないことに気付き、別の意味で悲しくなりました。人の弱みに付け込んで恐怖心をあおる〈魔術商売〉は、主が再び来られるときまでなくならないでしょう。したがって、教会が魔術との戦いをやめることもありません。私の仕えている教会で用いている信仰問答『雪ノ下カテキズム』に、こういう言葉があります。

「問68　あなたを支配するのは、運命ではないのですか。

答　いいえ違います。私が主イエス・キリストを知って知る最も大きな喜びのひとつは、運命信仰からの解放です。自分や世界を支配する力が、不可解で、それだけ恐ろしく、それだけ不安を呼び起こす運命的な力ではないということを知りました。もはや、占い、運勢判断のたぐいの一切から自由です。それどころか、自分が自分の力で自分の人生を思うように支配することができないことを、むしろ感謝をもって知るようになりました。私どもを支配する父なる神の愛に信頼して、思い煩いを捨てて生きることができるのです。この神の愛の支配を、教会は摂理と呼んでおります」。

運命信仰に真実の平安はありません。当然、魔術信仰にも真実の平安はないのです。あてどなく幸せを求めて、不幸を避けるためにまじないをして、けれどもその深いところにいつも不安があるのは、運命には愛がないからです。けれども、神は愛です。その神の愛を、教会は信じ抜くのです。

総督セルギウス・パウルスも、魔術の背後にある不安しか知りませんでした。けれども、パウロたちの伝えたイエス・キリストの福音に触れて、神の愛を知りました。この世界を支配しているのは、得体の知れない運命などではない。神の愛だ。この神の愛が現れたとき、魔術の正体が、そのむなしさが丸裸にされてしまったのだと思います。したがって、パウロとバルナバのふたりがキリストの福音を携えて旅を始めたとき、最初に慌てたのが魔術師であったというのは、当然起こるべきことが起こったのだと言わなければなりません。

15　異邦人の光なる教会（13・42～52）

それで、二人は彼らに対して足の埃《ほこり》を払い落とし、イコニオンに行った。他方、弟子たちは喜びと聖霊に満たされていた。（13・51～52）

神の言葉の出来事・教会

パウロとバルナバの第一回伝道旅行が続いています。パウロたちは、ピシディア州のアンティオキアという町のユダヤ人の会堂を訪ねて、安息日の礼拝で説教を語る機会を得ました。13章41節までがその説教の内容、そして42節以下は、パウロの説教がもたらした出来事を伝えます。

教会は、神の言葉を委ねられた共同体です。教会が神から委ねられた言葉を語るとき、何も起こらないはずがありません。この町でも大きな出来事が起こりました。多くの人が教会の言葉を喜んで聴きました。しかし激しい反発も起こりました。そして遂に、パウロとバルナバはこの町から追い出されてしまいます。その結果が、右に引用した51節、そして52節です。

ここでルカは、何を伝えようとしているのでしょうか。この最後の言葉をうっかり読み飛ばすと、この章全体を読み間違えることになりかねないと思います。パウロたちの伝道は残念ながらうまくいかず、それで足の埃を払い落とし、別の町に逃げるように移動したのでは、ありません。少なくともそれが中心的な出来事ではありません。「弟子たちは喜びと聖霊に満たされていた」。ルカの見るところ、これがこの町で起こった出来事の総括です。

この「弟子たち」とはもちろん、パウロとバルナバのことではありません。パウロたちの伝道によって救われ、信仰を言い表した人たちです。「永遠の命を得るように定められている人は皆、信仰に入った」（48節）と言われている人たちのことです。その教会が「喜びと聖霊に満たされていた」。これが、この町で起こった出来事です。

神の言葉が語られたとき、何が起こるか。喜びと聖霊に満たされた、主の体である教会が生まれました。もちろんこの教会のその後の歩みは、平坦《へいたん》なものではなかったでしょう。パウロたちを追い出したユダヤ人の敵意が、なおこの教会を取り囲んでいるのですから。けれども、その弟子たちを神の喜びが守りました。聖霊ご自身が、生まれたばかりの教会と共にいてくださいました。このような言葉を私たち自身の言葉として読むことができるなら、こんなに幸せなことはないでしょう。

礼拝説教とは何か

最初に書きましたように、13章42節以下の主題は「神の言葉が語られると、何が起こるか」ということです。その点で42節は、たいへん興味深いことを伝えます。「パウロとバルナバが会堂を出るとき、人々は次の安息日にも同じことを話してくれるようにと頼んだ」。来週も同じ内容の説教をしてほしいと頼んだのです。そして実際、「次の安息日になると、ほとんど町中の人が主の言葉を聞こうとして集まって来た」（44節）。これは、今も変わらない真理を伝える出来事です。教会が今に至るまで何をしているかというと、毎週の日曜日の礼拝で、同じ話を繰り返しているのです。

なぜこの町の人びとは、「来週も同じ話をしてほしい」と頼んだのでしょうか。大事な話だから。あるいは、一度聞いただけではよくわからなかったから。しかしまたもうひとつの理由は、これはすべての人に聞いてもらわなければならない大事な話だから、ということであったと思います。だから、「次の安息日になると、ほとんど町中の人が主の言葉を聞こうとして集まって来た」のです。

教会の礼拝とは何でしょうか。毎週同じ話を聞くための場所です。私がしばしば思うこと、そして悩むことがあります。私のいる鎌倉雪ノ下教会では、礼拝のあとに、その日初めて礼拝に来られた方を紹介します。「新来会者の会」に招きます。そういうときに私がいちばん気になることは、「来週も来てくれるかな」ということです。「また同じ話を聞きたい」と思ってくださるかどうか。「よくわからなかったから、もう一度聞きたい」と思っていただけるかどうか。あるいは、「今日私が聞いた話を、ひとりでも多くの人に聞いてもらいたい。来週はぜひ、あの人も礼拝に連れて来たい」と考えていただけるかどうか。そのために、教会は礼拝で同じ話を語り続けているのです。

興味深いことに、「来週も同じ話をしてほしい」と言った人たちは、しかし来週まで待ちきれずに、礼拝が終わった後もなおパウロ、バルナバについて行って語り合ったようです。「集会が終わってからも、多くのユダヤ人と神を崇める改宗者とが付いて来たので、二人は彼らと語り合い……」（43節）。このような語り合いは、翌日も、その次の日も続いたと思います。そこからまた、町中で噂が噂を呼んだでしょう。「ねえ、聞いた？　この間不思議な旅行者がやって来て、安息日の礼拝で珍しい話をしてくれたんだ。何でも、ナザレのイエスというお方が死者の中から復活したとか。今度の安息日にも同じ話を聞けるはずだから、あなたもぜひ礼拝にいらっしゃい」。

ユダヤ人の反発の理由

それだけに不思議なことは、なぜこのパウロたちの言葉が激しい反発を呼び起こしたのかということです。「次の安息日になると、ほとんど町中の人が主の言葉を聞こうとして集まって来た。しかし、ユダヤ人はこの群衆を見てひどく妬《ねた》み、口汚く罵《ののし》って、パウロの話すことに反対した」（44～45節）

と書いてあります。43節にも同じ「ユダヤ人」という表現がありますが、そこに登場するユダヤ人は、むしろパウロたちの言葉を好意的に受け止めています。そうすると、同じユダヤ人の間でも、賛成派と反対派と、はっきりふたつに分かれたということでしょうか。おそらくそうではなくて、同じ人びとが、最初はパウロの言葉を喜んで聴き、翌週にはたちまち態度を変えたと読んだ方がよいようです。なぜ態度が変わったか。その理由をルカは「この群衆を見てひどく妬み」と言います。

二回目の安息日には、ほとんど町中の人が集まって来たというのです。その中には、ふだん会堂の礼拝などにはまったく無縁の異邦人もたくさんいたようです（48節）。そこに妬みが生まれた理由は、ただパウロたちが人気者になったのが面白くなかった、ということではありません。パウロは二週続けて、ほとんど同じ話をしたと思います。それはつまり、こういう話をしたということです。

「だから、兄弟たち、この方による罪の赦しが告げ知らされたことを知っていただきたい。そして、モーセの律法では義とされえなかったあらゆることから解放され、信じる者は皆、この方によって義とされるのです」（38〜39節）。

律法を知らない者。割礼を受けていない者。そもそも神を知らない者。これまでユダヤ人が軽蔑してきたのが、ユダヤ人ならぬ異邦人です。けれどもパウロが明瞭に語ったことは、神の恵みが現れた今、ユダヤ人も異邦人もない、誰であろうとただ神の恵みによって義とされ、神の民として受け入れられるのだということです。ユダヤ人たちは、最初の礼拝ではその意味を理解できませんでした。けれども今、同じ話を異邦人たちが聴いて喜んでいる姿を見て、初めて気づきました。パウロたちの語る説教は、自分たちのユダヤ人としての誇りを打ち砕く話だと。そこに、我慢ならないほどの妬みが生まれました。

だからこそパウロたちは、既に最初の安息日の礼拝のあと、「神の恵みの下《もと》に生き続けるように」（43節）と言ったのかもしれません。「神の恵みに留まれ」という表現です。神の恵みを受けるために、何の条件もいりません。何の条件もないからこそ、恵みは恵みなのです。無条件に、あなたは神に愛されている。その神の恵みに留まれ。そこから外に出るな。

けれどもユダヤ人たちは、留まることができませんでした。神の恵みに留まるとき、ただちに自分たちのユダヤ人としてのプライドを捨てなければならないということに気づいたとき、躊躇《ちゅうちょ》なく神の恵みを捨てました。その結果パウロとバルナバは、こう言わなければなりませんでした。

「神の言葉は、まずあなたがたに語られるはずでした。だが、あなたがたはそれを拒み、自分自身を永遠の命にふさわしくない者にしている。そこで、私たちは異邦人の方へと向かいます」（46節）。

異邦人の光なるキリスト、そして教会

ここで興味深いのは、これに続けてイザヤ書49節6節を引用していることです。

「主は私たちにこう命じておられるからです。

『私は、あなたを異邦人の光とし

地の果てにまで救いをもたらす者とした』」(47節)。

ルカはこのイザヤ書の言葉を、とりわけ深い思いを込めて引用したと思います。なぜかと言うと、既にルカは福音書においても同じ言葉を引用しているからです。クリスマスの記事の中に、シメオンという人の歌があります。幼子イエスを抱いてシメオンは歌いました。「この幼子こそ、異邦人を照らす啓示の光」と(ルカ2・32)。ところがここでパウロとバルナバは、同じ「異邦人の光」という呼称を主イエスにではなく、自分たちの姿に重ねています。「神は、私たち伝道者を異邦人の光と定めてくださった。私たちこそ、地の果てにまでも救いをもたらす者」。

私たちもまた、同じように語ることが許されていると信じます。主イエス・キリストこそすべての人の光、その通りです。けれども今、神は私たち教会に、「異邦人の光」という身分を与えてくださっています。だからこそルカはここで新しい教会の誕生を伝えながら、「弟子たちは喜びと聖霊に満たされていた」と書くのです。光り輝く教会の姿が、このように描かれているのです。

16　ひとつひとつの教会を主に委ね（14・21〜28）

二人はこの町で福音を告げ知らせ、多くの人を弟子にした後、リストラ、イコニオン、アンティオキアへと引き返しながら、弟子たちを力づけ、「私たちが神の国に入るには、多くの苦しみを経なくてはならない」と言って、信仰に踏みとどまるように励ました。（14・21〜22）

踏みとどまりなさい！

パウロとバルナバの第一回伝道旅行の最後の部分を読みます。「そこからアンティオキアへ向かって船出した。そこは、二人が今成し遂げた働きをするようにと、神の恵みに委ねられて送り出された所である」（26節）。アンティオキアの教会、それはパウロとバルナバを、祈りをもって派遣してくれた教会です。そこに帰って行きます。「到着すると教会の人々を集めて、神が彼らと共にいて行われたすべてのことと、異邦人に信仰の門を開いてくださったことを報告した」（27節）。どの町に行っても、神が「異邦人に信仰の門を開いてくださった」のです。そのことを、どんなに喜びにあふれて報告したことでしょうか。「この町でもこんなことがあってね、あの町でもこんな人たちが信仰に導かれてね……」。話は尽きなかったことでしょう。

ところで、興味深いのはふたりの旅の経路です。多くの聖書の巻末には地図があると思いますから、ぜひ参照してください。パウロたちは、それまで歩いて来た道を、もう一度逆戻りするように帰って行くのです。「二人はこの町（デルベ）で福音を告げ知らせ、多くの人を弟子にした後、リストラ、イコニオン、アンティオキアへと引き返しながら、弟子たちを力づけ……」（21～22節）。その理由は容易に理解できます。どの町にも教会が立ちました。しかし、どの町でも迫害を受けました。パウロたちは、時によっては命を落としかねないような危機をくぐり抜けながら、町から町へと伝道を続けました。しかし、パウロたちは逃げることができましたが、その町に生まれた教会は、当然そのままその町に生き続けることになるのです。それがどんなに厳しいことを意味したか。そういう教会ひとつひとつを、パウロたちはもう一度訪ね、励ましたのです。そこで目指したことは、歴史の風雪に耐える教会を造ることであったと思います。

「『私たちが神の国に入るには、多くの苦しみを経なくてはならない』と言って、信仰に踏みとどまるように励ました」（22節）。実際にはもっとたくさんのことを語ったでしょうが、パウロたちがどこの教会でも繰り返し語ったことが、「踏みとどまりなさい」ということでした。味わえば味わうほど、いい言葉ではないでしょうか。私たちは、踏みとどまる場所を持っているのです。もしも私たちの信仰生活が、たとえば単なる心の持ちようだとしたら、私たちは踏みとどまるべき場所を持ち得ません。泳げない人が水の中でもがいているようなもので、踏みとどまろうにも力の入れようがありません。私たちはしかし、しっかりと踏みとどまることができます。その土台を与えられています。もちろんその土台とは、復活の主、イエス・キリストです。

私たちは、必ず神の国に入る

けれどももうひとつ、パウロたちがどの教会でも繰り返したことがあります。「私たちが神の国に入るには、多くの苦しみを経なくてはならない」というのです。こういう言葉に抵抗を感じる人がいたとしても不思議ではありません。「自分はあまり苦しんでいないようだから、神の国には入れてもらえないかな」。「あの人は全然苦しんでいないようだから、このままでは神の国に入れそうもない。だから神さま、あの人に多くの苦しみをお与えください」。そんなばかな話はないだろうと思いますが、それにしても引っかかる表現です。なぜここまで言わなければならないのでしょうか。

ここで大切な意味を持つのは、「なくてはならない」という助動詞です。英語で言えば“must”です。特にルカはこの助動詞を、神の救いの確かさを言い表すために大切に用いました。たとえば、いわゆる主イエスの受難予告の記事にこの助動詞が出てきます（以下、傍点部が“must”にあたります）。「人の子は必ず多くの苦しみを受け、長老、祭司長、律法学者たちから排斥されて殺され、三日目に復活することになっている」（ルカ９・22）。これは必ず起こらなければならない、神のご意志なのだ、ということです。もっともこれはマタイ福音書、マルコ福音書にも共通の表現です。

特にルカ的な“must”の用例を調べると、たいへん興味深い勉強ができます。ここでは紙幅の都合上、ごく一部を紹介します。〈放蕩息子のたとえ話〉の最後のところに、兄息子が腹を立てて家に入ろうとしないという場面があります。その兄息子をなだめて、父親は言うのです。「だが、お前のあの弟は死んでいたのに生き返った。いなくなっていたのに見つかったのだ。喜び祝うのは当然ではないか」（ルカ15・32）。この祝宴は、どうしてもしなければならないものだったのです。

また、木に登った徴税人ザアカイの名を主イエスがお呼びになって、こう言われました。「ザアカイ、急いで降りて来なさい。今日は、あなたの家に泊まることにしている」（ルカ19・５）。主イエスが勝手に決めたことではありません。主イエスがザアカイの家に泊まることは、神の動かすべからざる救いのご意志なのです。「ザアカイ、これは神のお決めになったことだから、私はあなたの家に泊まらなければならない」。

使徒言行録14章22節も同じように、神の確かな救いのご意志として読むべきです。そのことを理解するために、ひとつ翻訳に注文をつけたいと思います。「多くの苦しみを経なくてはならない」も誤訳とまでは言いませんが、「私たちは神の国に入らなければならない」と訳した方が、ギリシア語の語順から言っても自然だと私は思います。「多くの苦しみを経て、私たちは神の国に入らなければならない」。それは、「神の国に入れなければ地獄に落ちるぞ」という意味ではありません。あの弟息子のためにどうしても父親は祝宴を開かなければならなかったように、ザアカイがどうしても救われなければならなかったように、「あなたがたは、神の国に入らなくてはならない。どんなに多くの苦しみを経るとしても。それが、神のみ旨だ」。

この神のみ旨に「踏みとどまる」のです。そこに、苦しみに耐える力も与えられるでしょう。

主イエスの十字架の苦しみもまた、神のみ旨、神の必然でした。このお方は、私たちのために、苦しみを受けなければならなかったのです。その〈主イエスの苦しみ〉と、ここでパウロたちの語る〈教会の苦しみ〉とは、もちろん同じではありませんが、無関係でもありません。主イエスを十字架につけるようなこの世界なのですから、当然キリスト教会もまた苦しみを受けるのです。私たちの生きる世界は、キリストの恵みに踏みとどまりにくくなるような試練・誘惑に満ちています。そこから逃げることはできないし、それは許されてもいないのです。

主とその恵みに委ねられた教会

「多くの苦しみを経る」。言うのは簡単ですが、実際には容易なことではありません。そのために、もうひとつパウロたちがしたことがあります。「また、弟子たちのために教会ごとに長老たちを任命し、断食して祈り、彼らをその信ずる主に委ねた」（23節）。「長老たちを任命した」というのは、教会の制度を整えたということです。「信仰に踏みとどまろう」と言ったって、ひとりでは無理です。私たちはいつも、キリストの体である教会に連なって、キリスト者として生きるのです。そのために立てられた「長老」というのは、日本のプロテスタント教会における長老（役員）とは少し違うかもしれません。むしろ、各地の教会で働く牧師のような役割を果たしたと考えられます。

その長老の立場がいかなるものかを示す、大切な言葉があります。「彼らをその信ずる主に委ねた」。長老たちを立てて、「あとはお前たちにまかせたぞ」と言ったのではありません。教会は、主イエス・キリストのものです。他の誰のものにもなりません。そして、教会が本当にキリストのものとなるために、長老（牧師）の全存在が「主に委ねられている」ことが不可欠なのです。

「委ねる」という言葉は、26節にも出てきます。「そこからアンティオキアへ向かって船出した。そこは、二人が今成し遂げた働きをするようにと、神の恵みに委ねられて送り出された所である」。パウロたちは各地の教会の長老たちを「主に委ねた」わけですが、パウロたち自身、自分たちが「神の恵みに委ねられた」存在であったことを忘れたことはありませんでした。「神の恵みに委ねられて」私たちは遣わされたのだ。わたしは、主のもの。

そういうパウロたちが、ひとつひとつの教会に、特に長老たちに語りかけるのです。「長老たちよ、この教会をあなたがたに委ねる。しかし忘れないでほしい。この教会は、決してあなたがたのものにはならない。教会は、主イエス・キリストのものだ。私は今、この教会を主に委ねる。あなたがた長老たちをも、神の恵みに委ねる」。

任命された長老たちは、背筋が伸びる思いがしたと思います。自分たちに委ねられたこの教会は、主イエス・キリストのものだ。その恵みの事実を、それぞれの長老たちが自分の言葉で証しできるように、長老たちもまた聖書を学び直したでしょう。パウロやバルナバが語ってくれたことを思い起こし、心に刻んで、同じことを自分の言葉で語り直したでしょう。そのようにして、各地にキリストの教会、弟子たちの群れが成長していきました。私たちの教会もまた、同じ神の恵みに委ねられています。それぞれの教会に牧師が立てられ、長老（役員）が任命され、その働きを通して、神の恵みが明らかにされていくのです。

17　ひとつの教会に生きるために　(15・1〜35)

「私たちは、主イエスの恵みによって救われると信じていますが、これは、彼ら異邦人も同じことです」。(15・11)

どうすれば救われるのか

ここに伝えられるのは、〈エルサレム使徒会議〉と呼ばれる教会会議です。ここで全教会が一致して下した決断は、現在に至るまで、のちの教会の歩みを決定的に定めるものとなりました。

「ある人々がユダヤから下って来て……」(1節)。それはつまり、たくさんの異邦人キリスト者を生み出していたアンティオキアの教会に、ユダヤ人キリスト者の強硬派がやって来た、ということです。繰り返し学んできたことですが、アンティオキアの教会は、異邦人伝道を積極的に始めた最初の教会です。のみならずアンティオキアの教会は、バルナバとパウロを世界宣教に遣わし、その結果、各地に異邦人を中心とする教会の群れが生まれました。それが13章、14章に伝えられるいわゆる〈第一回伝道旅行〉です。

しかし、私たちが使徒言行録の叙述から思い知らされることは、生まれながらのユダヤ人が異邦人の救いを心から受け入れることがどれほど困難だったか、ということです。その難しさが15章1節にも如実に表れています。『モーセの慣習に従って割礼を受けなければ、あなたがたは救われない』と兄弟たちに教えていた」。念のために申しますが、ここで異邦人にも割礼を求めた人たちはキリスト者です。既にイエス・キリストの救いを受け入れているのです。その人たちが、既に洗礼を受けたアンティオキアの人たちに「割礼なしに救いなし」と教えたというのです。「この頑固者！」と文句のひとつも言いたくなりますが、彼らからすれば、あくまで善意によることだったと思います。もともと当時のユダヤ教においても、異邦人の救いを拒否していたわけではありません。だからこそ、ここで異邦人に割礼を求めた人たちは、異邦人の救いを心から喜んでこう言ったのです。「あなたがたもイエス・キリストによって救われたんだね。おめでとう。それなら、神の救いのしるしである割礼を受けようじゃないか」。しかしそのことで「パウロやバルナバとその人たちとの間に、激しい対立と論争が生じ」（2節）、それが全教会を巻き込む問題になりました。

問われたことはただ一点、「どうすれば救われるのか」ということです。そのことをめぐって教会は分裂の危機に立たされました。しかし、改めて問います。どうすれば救われるのでしょうか。割礼を受けなければ救われないのか。そんなわけない。では、どうしたら救われるのでしょうか。私たちはよく「信仰によって義とされる」と教えられます。それなら、信仰が救いの条件だということでしょうか。その言い方にも何か違和感があるような気がします。

「主イエスの恵みによって救われる」とは

さまざまな議論があったと思いますが、会議の結論を導く発言をしたのは、主イエスの一番弟子のペトロ、そして主イエスの実の弟のヤコブでした。ふたりとも割礼を受けた、生まれながらのユダヤ人です。まずペトロがこのように発言しました。

「兄弟の皆さん、ご存じのとおり、ずっと以前に、神は、あなたがたの間で私をお選びになりました。それは、異邦人が私の口から福音の言葉を聞いて信じるようになるためです。人の心をお見通しになる神は、私たちに与えてくださったように異邦人にも聖霊を与えて、彼らを受け入れられたことを証明なさったのです」(7〜8節)。

誰よりも先に主に呼ばれて、「あなたは人間を取る漁師になる」と言われたペトロです。そのペトロが、「異邦人が私の口から福音の言葉を聞いて信じるようになるためです」と言うのですが、実はこれこそがペトロにとってもいちばん受け入れにくいことでした。このときペトロが思い起こしていたのは、ローマ人コルネリウスの救いの出来事です。「神が清めた物を、清くないなどと言ってはならない」（10・15）と神に叱られながら、ペトロは異邦人の救いのために働かされたのです。

「どうすれば救われるのか」、「こうすれば救われます」という考え方自体がどこかおかしいのです。「神が清めた物を、清くないなどと言うな」。ペトロが初めて異邦人の救いに立ち会わせられたとき、「この無割礼の異邦人が救われるために、どうすればいいのか」、そんなことは最初から問題にもなりませんでした。「神が清めた物を、清くないなどと言うな」。神からそう言われたら、ペトロは沈黙するほかありません。そのような経験に基づいてペトロは言うのです。

「また、彼らの心を信仰によって清め、私たちと彼らとの間に何の差別もなさいませんでした。それなのに、なぜ今あなたがたは、先祖も私たちも負いきれなかった軛《くびき》を、あの弟子たちの首に掛けて、神を試みようとするのですか。私たちは、主イエスの恵みによって救われると信じていますが、これは、彼ら異邦人も同じことです」（9～11節）。

「どうすれば救われるのか」。そんなことは最初から問題にもなりません。「主イエスの恵みによって救われる」とはそういうことです。何の条件もなく、神が「この人は清い」と言ってくださったら、私たちは黙って、もちろん心から喜んで、その事実を受け入れるのです。12節で「すると全会衆は静かになり」と言われているのも、そういうことだと思います。「すると全会衆は静かになり、バルナバとパウロが、自分たちを通して神が異邦人の間で行われた、あらゆるしるしと不思議な業について話すのを聞いていた」。神の恵みの前に立たされたとき、人間の言葉は沈黙するほかありません。

神が初めに心を配られ

これに続く主の兄弟ヤコブの発言も興味深いものです。

「神が初めに心を配られ、異邦人の中からご自分の名を信じる民を選び出された次第については、シメオン（ペトロ）が話してくれました」（14節）。

ここで「心を配られ」と訳されている言葉は、ルカが大切に用いた言葉です。新約聖書全体で11回の用例があるうち、7回がルカによる福音書と使徒言行録です。ルカによる福音書1章68節以下では、洗礼者ヨハネの父親ザカリアが神の救いの始まりを予感しながらこのように歌っています。

「イスラエルの神である主は／ほめたたえられますように。

主はその民を訪れて、これを贖い……」

「神が初めに心を配られ」と訳された言葉が、ここでは「主はその民を訪れて」と訳されます。神が私たちのために心を配り、だからこそ訪れてくださったのです。この神の訪れを賛美するところから始まったルカによる救いの物語が、ここでも明確に言い表されています。「神が初めに心を配られ」というのは、「神が先だ」という意味です。割礼も、そして洗礼も、このすべてに先立つ神の救いを後追いするものでしかありません。

ひとつの教会に生きるために

ところで、最後の部分にもやもやしたものを感じる人もいるかもしれません。「神に立ち帰る異邦人を悩ませてはなりません」（19節）と言いながら、中途半端な条件を押し付けているように読めるからです。「ただ、偶像に供えて汚れた物と、淫らな行いと、絞め殺した動物の肉と、血とを避けるようにと、手紙を書くべきです。モーセの律法は、昔からどの町にも告げ知らせる人がいて、安息日ごとに会堂で読まれているからです」（20～21節）。29節にも同様の〈但し書き〉が繰り返されます。「割礼を受けなくても救われる」と言っておきながら、やっぱりあれはだめ、これもだめと、せっかくの教会の決断がなし崩しにされたということでしょうか。しかし、もしもそういうことなら、なぜ「彼らはそれを読み、励ましに満ちた言葉を知って喜んだ」（31節）と言われるのでしょうか。アンティオキアの教会は、この会議の決定を「励ましに満ちた言葉」として聞き取ったのです。「ただ、偶像に供えて汚れた物と、淫らな行いと、絞め殺した動物の肉と、血とを避けるように」。そう発言したヤコブたちは、「あなたがたと共に、ひとつの教会を作りたい」と呼びかけているのです。「あなたがたは自由だ。割礼も受けなくていい。その自由とはしかし、等しく神に救われたユダヤ人をつまずかせるための自由ではないはずだ。ひとつの教会に生きるために、どうかそのことをよく考えてほしい」。

言うまでもないことですが、20節や29節に述べられている但し書きは、時代と共に忘れられていきました。「割礼はどうでもいいが、血のしたたるステーキはだめだ」と教える教会は、今やどこにも存在しません（「淫らな行い」はもちろん避けるべきですが）。「ひとつの教会に生きる」。それが問題の核心です。そのために、この但し書きは当時の教会にとって決して小さな問題ではなかったのです。

このような出来事を経て、のちにパウロはコリントの信徒への手紙一でもう一度、「偶像に献げた肉を食べてよいか」という問題を取り上げています。自分たちに与えられている知識と自由に従えば、肉を食べることが問題になるわけがない。そもそも偶像の神など存在しないのだから。けれども、肉を食べることによって〈弱い人〉がつまずいてしまうのなら、「私は今後決して肉を口にしません」（Ⅰコリント８・13）。弱い仲間のために大好きな食べ物を断つ自由を、私は主イエスから与えられている。そこでパウロが語った〈自由〉もまた、教会がひとつになって生きるための自由であったのです。

18 間奏　海を越えて（15・36〜16・40）

さて、彼らはアジア州で御言葉を語ることを聖霊から禁じられたので、フリギア・ガラテヤ地方を通って行った。ミシア地方の近くまで行き、ビティニア州に入ろうとしたが、イエスの霊がそれを許さなかった。……その夜、パウロは幻を見た。一人のマケドニア人が立って、「マケドニア州に渡って来て、私たちを助けてください」とパウロに懇願するのであった。パウロがこの幻を見たとき、私たちはすぐにマケドニアに向けて出発することにした。マケドニア人に福音を告げ知らせるために、神が私たちを招いておられるのだと確信したからである。
（16・6〜7、9〜10）

二〇二三年一〇月の最後の日曜日、鎌倉雪ノ下教会において「教会の喜び」という主題のもと、教会全体集会を行いました。コロナ禍を経て、共に教会の将来について祈りたいという願いを込めて、その日の礼拝はすべての世代が一緒になって礼拝をしました。そうなると当然説教の語り口は子どもを目指したものになりますが、だからこそ語り得た福音の言葉を与えられたと思っています。パウロたちの伝道旅行の物語をしながら、自分たちの教会の将来について、何よりも「教会に与えられた喜び」について、私自身が多くを教えられました。その説教をここで紹介します。

今から二千年前くらい昔、まだ教会が生まれて間もないころのお話です。アンティオキアという町に、大きな教会がありました。たくさんの人たちが集まって、今私たちがしているように、神さまを礼拝していました。ある日、アンティオキアの教会の人たちがみんなで集まってお祈りをしていると、突然神さまの声が聞こえました。「世界中に、イエスさまのことを伝えに行きなさい。そのために、あなたがたの教会の牧師をふたり、そう、パウロとバルナバを、旅に出発させなさい」。それを聞いて、教会のみんなはびっくりしました。ええ？　世界中って、どこまで行くの？　一緒にお祈りをしていた、ひとりの人が言いました。「今なんか聞こえたけど、気のせいだよね。世界中に伝道に行きなさいって聞こえたんだけど」。すると別の人が言いました。「あ、おれも聞いた。パウロ先生とバルナバ先生に、世界中にイエスさまのことを伝えに行かせろって。そんなの絶対空耳だよ。だいたい、教会から牧師がふたりともいなくなっちゃったら、すごい困るし」。するとまた別の人が、「ええ？　お前も同じこと聞いたの？　きみは？」「うん、ぼくも同じこと聞いたよ。神さまの声かと思ったけど、絶対気のせいだよ」。「いや……これって、気のせいじゃなくない？」

それで、アンティオキアの教会の人たちは遂に決心しました。「パウロ先生、バルナバ先生、どうか世界中にイエスさまのことを伝えに行ってください。わたしたちのことは心配しないで、どうか神さまのために、お出かけください」。それでパウロとバルナバは、何人かの仲間と一緒に、旅に出ました。何か月も旅行をしました。その結果、たくさんの町に新しい教会が生まれていきました。パウロもバルナバも、それが本当にうれしくて、「神さま、ありがとうございます」と言いながら、アンティオキアの教会に帰って来ました。

それからまた次の年になって、パウロは言いました。「バルナバ先生、またふたりで一緒に旅に出ましょう。イエスさまのことを伝えに行きましょう」。するとバルナバは言いました。「よしきた。これからもよろしくな。ところで、今回もマルコを一緒に連れて行きたいんだが、どうだろう」。このマルコというのはバルナバの親戚で、とても力のある伝道者でした。けれども、パウロは言いました。「バルナバ先生、ちょっと待ってください。去年一緒に旅をしたとき、マルコは途中で帰っちゃったじゃないですか。あれはだめですよ。マルコが行くなら、わたしは行きません」。「いやいや、パウロ君、そう言わないで。マルコにもいろいろ理由があったみたいだよ」。「いいえ、だめです。マルコだけは絶対に許せません」。パウロもバルナバも、最後まで譲りません。「行く！」「行かない！」「連れて行く！」「だめ！」結局、ふたりは完全に別行動をすることになってしまいました。その日以来、パウロは二度とバルナバに会うことはありませんでした。

パウロにとって、このバルナバとの大げんかは、死ぬまで忘れることのできない心の傷になったと思います。パウロにとって、バルナバは命の恩人でした。もしバルナバがいなかったら、パウロは教会に入れてもらうこともできなかったのです。もともとパウロという人は、教会をつぶすことだけを生きがいにしていた人でした。教会に集まる人たちを、いじめたり、殴ったり、殺したり。そんなパウロが、突然イエスさまに捕らえられて、教会の伝道者になったというときに、誰もパウロのことなんか信用しませんでした。「あいつ、ついこの間までおれたちをいじめてたくせに。そんなやつが今さらのこのこやってきて、『ぼくもイエスさまのことを伝えたいです〜』とか言っちゃって、誰が信じるかよ」。けれどもバルナバだけは、誰から何を言われても、最後までパウロの味方になってくれました。ところが今、まるでパウロがバルナバを追い出したような結果になってしまいました。

アンティオキアの教会の人たちも、つらかったと思います。バルナバ先生、大好きだったのに、どうしていなくなっちゃうんだろう……。でも、いちばんつらい思いをしたのはパウロだったと思います。バルナバ先生、ごめんなさい。教会の人たちも、本当にごめんなさい。でも、どうしたらいいのか、本当にわからないんです。それでも、パウロは神さまの言葉と教会の祈りに押し出されて、二回目の伝道旅行に出発しました。

ところが、その二回目の旅行は、どういうわけか、たいへんなことばかりが続きました。

「さて、彼らはアジア州で御言葉を語ることを聖霊から禁じられたので、フリギア・ガラテヤ地方を通って行った。ミシア地方の近くまで行き、ビティニア州に入ろうとしたが、イエスの霊がそれを許さなかった」（16・6〜7）。

「パウロ先生、次はあの町に行きましょう。こっちが近道ですよ」。ところが行ってみると、猛獣がうろうろしていて、どうしても通れません。「だめだ。じゃあ、こっちの道から、山を越えて行こう」。と思ったら、誰かが病気になって、山道なんかとても歩けません。あっちに行き、こっちに行き、迷子になったりしながら、いつの間にかパウロたちは、全然知らない、とてもさびしい町に行き着いてしまいました。頑張って歩いてきたけど、ここで行き止まり。向こうに見えるのは、ひたすら海だけ。ザザーッ、ザザーッ、と波の音だけが聞こえます。「ここ、どこ？　こんなさびしい町に迷い込んで、おれたち何やってんの？　世界中の人にイエスさまのことを伝えるんじゃなかったの？」みんな、心も体もボロボロです。いったい、神さまは、わたしたちをこんなところに連れて来て、どうするつもりなんだろう。もしかしたらパウロは、ふと怖くなったかもしれません。「神さまの罰《ばち》が当たったのかな……」。いくらでも身に覚えがあるのです。

ところがその夜、パウロは夢を見ました（16・9）。ザザーッ、ザザーッ、と波の音だけが聞こえる、その海の向こうから、誰かが叫んでいます。「おーい、誰か助けて！　誰か助けに来て！」次の日、パウロはみんなにそのことを話しました。それで、みんなの意見がひとつになりました。海を渡ろう。海の向こうにどんな世界が待っているのか誰も知らないけれど、神さまが海を渡れとおっしゃっているに違いない。

こうして海を渡った先に、フィリピという大きな町がありました。そのフィリピの町でも、すばらしい出会いがありました。人数は少なかったかもしれませんが、新しい教会がフィリピの町にも生まれました。中でも、パウロの話を目を輝かせて聞くようになったリディアという女の人が、ずっとパウロたちを自分の家に泊めてくれました。心のこもったもてなしを受けながら、何よりも、その仲間たちと一緒に神さまを礼拝して、パウロたちは本当に幸せでした。「ああ、本当に神さまはいらっしゃるんだ。あっちの道もこっちの道もふさがれて、どうなることかと思ったけど……」。「パウロ先生、フィリピに来ることができて本当によかったですね」。「そうだ、神さまが導いてくださったんだ。あのときは、アジア州で御言葉を語ることを、聖霊が禁じられたんだ。ミシア地方の近くまで行き、ビティニア州に入ろうとしたが、イエスの霊がそれをお許しにならなかったんだ」。少し前にはつらいことがあったけど、みんな神さまの導きだったことが、よくわかりました。

けれども、幸せな時間は長く続きませんでした。パウロともうひとりシラスという仲間が逮捕されて、牢屋に閉じ込められてしまいました（16・23）。服を脱がされて、何度も鞭《むち》で打たれて、もう体中痛くてしょうがないのに、重い足かせをはめられて……けれども、パウロとシラスはもう迷うことはありませんでした。神さまが、海を越えてわたしたちを導いてくださったんだ。わたしたちが今牢屋の中にいるのも、神さまの導きなんだ。

それで、ふたりは牢屋の中で賛美歌を歌いました。もうすっかり真夜中なのに、暗い牢屋の中に、明るい賛美歌が響き渡りました。どんな歌を歌ったんでしょう。それはわかりませんが、もしかしたら、さっき私たちが歌った賛美歌と内容は似ていたかもしれません。

主われを愛す、主は強ければ

われ弱くとも　恐れはあらじ。

どんなときにも、イエスさまがいてくださるから。イエスさまが一緒だから。だから、わたしたちがどんなに弱くても、恐れることはない。

その牢屋の中には、他にもたくさん捕まっている人たちがいました。みんなびっくりしました。え
え？　何の歌？　こんなに真っ暗な牢屋の中で、こんなに明るい歌が……。牢屋に捕まっていた人たちは、じっとパウロたちの賛美歌に聞き入っていました。いったい誰が歌っているんだろう。何を歌っているんだろう。「わが主イエス、わが主イエス、われを愛す」。いったい、何のことだろう。

そのとき神さまは、パウロとシラスの賛美歌に答えてくださいました。突然大きな地震が起こって、牢屋の壁は壊れ、捕まっていた人たちの鎖も全部外れてしまいました。いちばんびっくりしたのは、牢屋の見張りをしていた人でした。「たいへんだ、囚人たちがみんな逃げちゃう。そんなことになったら、あとでどんな責任を取らされるか。もうおしまいだ」。けれども、実際には、誰も逃げませんでした。牢屋の壁が壊れて、逃げようと思えば逃げられるのに、誰も逃げなかったのです。きっと、みんなここから離れたくないと思ったのでしょう。パウロとシラスの賛美歌を、ずっと聞いていたいと思ったのでしょう。

ところがその横で、たいへんなことが起こりました。牢屋の見張りをしていた人が、「もうおしまいだ」と絶望して、自殺しようとしたのです。パウロたちはすんでのところでそれを止めて、そして言いました。「イエスさまを信じなさい。だいじょうぶですよ。イエスさまがいてくださるんだから。イエスさまを信じなさい。そうすれば、あなたも、あなたの家族も救われます」。それで、この牢屋の見張りをしていた人も、イエスさまを信じて洗礼を受けました（16・33）。

その姿を見て、パウロたちはもう一度心から神さまを信じることができたと思います。神さまはわたしたちを、この人のところに導いてくださったんだ。あのときは、「アジア州で御言葉を語ることを聖霊から禁じられ」、「ミシア地方の近くまで行き、ビティニア州に入ろうとしたが、イエスの霊がそれを許さなかった」。それは、この人に出会うためだったんだ。神さま、ありがとうございます。

牢屋の見張りをしていた人は、すぐにパウロとシラスを自分の家に案内して、一緒に食事をしました。その家の家族みんなが、イエスさまを信じるようになりました。そこで一緒にした食事は、どんなにおいしかっただろうかと思います。

19 教会を生かす力（17・1〜15）

パウロは、いつものように、会堂へ入って行き、三回の安息日にわたって聖書を引用して論じ合い、「メシアは必ず苦しみを受け、死者の中から復活することになっていた」と、また、「このメシアは、私が伝えているイエスである」と説明し、論証した。（17・2〜3）

教会の存在に慰められて

パウロの第二回伝道旅行の記事が続きます。16章のフィリピから、17章ではテサロニケ、そしてベレアへと舞台が変わります。一方から言えば、パウロたちはどこの町でもたいへん厳しい迫害を受けました。既にフィリピで投獄され、テサロニケでもベレアでも暴力的な手段で町を追われ、そういう不幸な出来事ばかりが目に付くかもしれません。けれども、使徒言行録の強調点はそこにはありません。むしろ逆に、パウロたちはどの町に行っても、豊かな神の祝福を与えられました。伝道の確かな手ごたえを感じ取ることができました。使徒言行録はそのことを丁寧に伝えてくれます。

何と言っても決定的なことは、どこの町にも教会が生まれたということです。パウロたちがどんなにひどい仕方でその町を追われたとしても、その町に生まれた教会の群れが、そこに生き続けているのです。その事実がパウロたちを慰めました。そのことを理解するためには、具体的な話をしなければならないでしょう。ここに、あまり目立たないかもしれませんが、いささか唐突にヤソンというテサロニケの教会員の名が登場します。

「しかし、ユダヤ人たちはそれを妬み、広場にたむろしているならず者たちを抱き込んで暴動を起こし、町を混乱させ、ヤソンの家を襲い、二人（パウロとシラス）を民衆の前に引き出そうとして捜した。しかし、二人が見つからなかったので、ヤソンと数人のきょうだいを町の当局者たちのところへ引き立てて行って、大声で言った。『世界中を騒がせてきた連中が、ここにも来ています。ヤソンが彼らを家に泊めています。……』」（5～7節）。

ヤソンについて詳しいことは何もわかりません。逆に言えば、何の紹介もなしにヤソンの名が記されるということは、使徒言行録の最初の読者たちにとってはよく知られた人物だったのかもしれません。当時は教会堂などありません。ヤソンが自分の家を開放してくれて、そこがテサロニケの教会の礼拝堂兼牧師館にもなっていたのでしょう。ところが、だからこそ、ヤソンの家が町のならず者によって襲撃されるという痛ましい事件が起きました。ヤソンは町の当局者の前に引き出され、いくばくかの保証金まで取られました。けれどもヤソンは、最後までパウロたちを守り抜きました。文字通り体を張って、パウロたちを町の外に逃がしてやりました。このヤソンのような教会員が、きっと皆さんの教会にもいるのではないでしょうか。そういう〈教会〉の存在が、どんなに深くパウロたちを慰めたことかと思うのです。

教会を生かす神の言葉・聖書

ところで、この使徒言行録の記述には不思議なところがあると指摘する人たちがいます。「パウロは、いつものように、会堂へ入って行き、三回の安息日にわたって聖書を引用して論じ合い」（２節）とあります。三回の安息日ということは、パウロたちがテサロニケに滞在したのは僅か三週間前後だったということになります。そんな短期間でこれほどの教会の交わりが造られたことをいぶかる学者たちの中には、ユダヤ人の会堂で説教することが許されたのが三回だったということで、そのあとは会堂から追い出されて、なおヤソンの家で礼拝を続けていたのかもしれないと考える人もいます。それにしても、そんなに長くテサロニケに滞在できたとは思えません。しかし、パウロと教会との確かな絆は、一緒に過ごした時間の長さによるものではありませんでした。

ここで使徒言行録が強調するひとつの主題は、〈聖書〉ということです（ここではもちろん旧約聖書のことです）。２節には「三回の安息日にわたって聖書を引用して論じ合い」とありますし、ベレアでの伝道の様子を伝える11節にも、「ここのユダヤ人は、テサロニケのユダヤ人よりも素直で、非常に熱心に御言葉を受け入れ、そのとおりかどうか、毎日聖書を調べていた」とあります。パウロの伝道によって教会が生まれ、たとえばヤソンのような献身者が育ったのも、その土台となったのは聖書でしかありませんでした。パウロはいつでも〈聖書〉を語ったし、聖書を通して語られた〈神の言葉〉が教会を生み、生かしました。そのことを特にこの17章は明らかにしようとしています。

「三回の安息日にわたって聖書を引用して論じ合い」とあります。ただ一方的に説教したのではありません。「論じ合う」と訳された原文のギリシア語をそのまま引用すると「ディアレゴー」、これが英語のダイアローグ（対話）という言葉にもなりました。そしてその対話は、「聖書を引用して」のものであったと言われます。ただ対話しようと言ったって、何か共通の土台がなければ、なかなか対話は成り立たないものです。しかしここは安息日の会堂ですから、当然共通の土台となるのは聖書です。その意味では、たとえばヤソンとパウロとの間の絆も、実は聖書という確かな共通の基盤があったから造られたとも言えるのです。

けれども、ただ共通の土台があるだけでは不十分です。パウロは聖書をもとにテサロニケの人たちと対話しつつ、「『メシアは必ず苦しみを受け、死者の中から復活することになっていた』と、また、

『このメシアは、私が伝えているイエスである』と説明し、論証した」(3節)。聖書は、説明がなければわかりません。実はこの「説明」という言葉も興味深いものです。もともと「開く」という意味のこの言葉を、ルカは福音書においても使徒言行録においても大切に用いました。たとえば16章14節に、「ティアティラ市出身の紫布を扱う商人で、神を崇めるリディアと言う女も話を聞いていたが、主が彼女の心を開かれたので、彼女はパウロの話を注意深く聞いた」とあります。もうひとつ印象深い用例はルカによる福音書24章13節以下です。お甦りになった主イエスが、エマオという村に向かって歩いているふたりの弟子たちと一緒に歩いてくださったのに、暗い顔をして歩いていたこのふたりは目が遮られていて、それと気づきませんでした。そこで主イエスは、いきなりふたりの目を開いてくださってもよかったかもしれませんが、そうではなくて、ふたりのために聖書を「説き明かし」(32節)てくださいました。直訳すれば、聖書を「開いて」くださったのです。

私たちにもよくわかります。主が聖書を開いてくださらなければ、いくら聖書を読んでもわからないし、私たちの信仰の目も塞がれたままです。同じように目が塞がっていたエマオのふたりの弟子のために、しかし主が聖書を開いてくださいました。そのあと、このような奇跡が起こります。

「すると、二人の目が開け、イエスだと分かったが、その姿は見えなくなった。二人は互いに言った。『道々、聖書を説き明かしながら(開きながら)、お話しくださったとき、私たちの心は燃えていたではないか』」（ルカ24・31～32）。

テサロニケの伝道において起こったこともまったく同じです。それをここでは、『『メシアは必ず苦しみを受け、死者の中から復活することになっていた』と、また、『このメシアは、私が伝えているイエスである』と説明し（つまり、聖書を開いて）、論証した」（3節）と言うのです。苦しみを受け、復活されたイエスこそ、キリストである。そのことを明らかにすることによって、それまで閉じられていた聖書が一挙に開かれます。この神の言葉によって教会は生まれ、また生きるのです。

優れた知恵ではなく、ただ神の言葉によって

「聖書のみ、キリストのみ、十字架のみ、復活のみ」。ここに伝えられるパウロの伝道の姿勢を簡潔に言い直せば、こういうことになるだろうと思います。やがてパウロは18章でコリントに行きます。そのときの思いを、パウロ自身がコリントの信徒への手紙一2章の冒頭でこう語っています。

「きょうだいたち、私がそちらに行ったとき、神の秘義を告げ知らせるのに、優れた言葉や知恵を用いませんでした。なぜなら、あなたがたの間でイエス・キリスト、それも十字架につけられたキリスト以外、何も知るまいと心に決めていたからです。そちらに行ったとき、私は衰弱していて、恐れに捕らわれ、ひどく不安でした。私の言葉も私の宣教も、雄弁な知恵の言葉によるものではなく、霊

と力の証明によるものでした。それは、あなたがたの信仰が人の知恵によらないで、神の力によるものとなるためでした」(1～5節)。

「私は衰弱していて、恐れに捕らわれ、ひどく不安でした」と言います。いったい何があったのかと思いますが、フィリピ、テサロニケ、ベレアの経験だけでも、ひとりの男を衰弱させるに十分であったかもしれません。そのようなところで、いったいどんな「優れた言葉や知恵」を語り得るでしょうか。パウロはこう言うのです。「イエス・キリスト、それも十字架につけられたキリスト以外、何も知るまい」。そして事実テサロニケにおいても、このひとつのことしか語らなかったのです。「メシアは必ず苦しみを受け、死者の中から復活することになっていた」。ほかにどんな優れた知恵があろうとも、私に委ねられている言葉は、これ以外にない。なぜかと言えば、聖書自身がそれ以外のことは何も語っていないからです。

私たちもまた、心に決めたいと思います。十字架につけられたキリスト以外、何も知るまいと。あとは、主イエスご自身が聖書を開いてくださいます。私たちの「優れた言葉や知恵」が人の心を開くことはできません。聖書自身の力が、人の心を、目を、耳を開いてくれるのです。

20 「知られざる神」に抗して（17・16～34）

パウロは、アレオパゴスの真ん中に立って言った。「アテネの皆さん、あなたがたがあらゆる点で信仰のあつい方であることを、私は認めます。道を歩きながら、あなたがたが拝むいろいろなものを見ていると、『知られざる神に』と刻まれている祭壇さえ見つけたからです。それで、あなたがたが知らずに拝んでいるもの、それを私はお知らせしましょう」。（17・22～23）

じっとしていられない私たちの霊

アテネでパウロが福音を語ったというこの記事は、使徒言行録の中でも特別な位置を占めています。他の箇所のパウロの説教と比べても内容が異質だと言われます。そのことを理由に、この話はルカの創作でしかないと主張する学者もいますが、もしそうなら、わざわざパウロらしくない説教を創作するでしょうか。ましてパウロの失敗談のような話を作る必要があるでしょうか。

アテネで伝道するということ自体、パウロにとって特別なことだったのだと思います。異教文化の中心地で、インテリの代表者たちに正面から伝道したのです。説教の内容は同じでも、語り口が変わるのは当然です。同じく異教文化の中で伝道している私たちにとって、こんなに身につまされる出来事はほかにないと思います。知識も豊かで、それなりに宗教心もあり、それだけにかえってキリストの救いを受け入れにくくなっているのが、現代日本の現状ではないでしょうか。

アテネ伝道のきっかけはこのようなことでした。「パウロはアテネで二人を待っている間に、この町の至るところに偶像があるのを見て、憤りを覚えた」（16節）。「二人を待っている間」というのは、その直前の15節に出て来るシラスとテモテと、アテネで合流する約束だったということです。ところがふたりを待っている間に、アテネの至るところにある偶像を見て「憤りを覚えた」。しかし「憤り」という翻訳は強すぎるかもしれません。「霊が刺激された」という表現です。ある人は「彼の魂は、彼の中にじっとしていることができなくなった」と訳しました。

霊とは何でしょうか。人間は〈心と体〉からできているという一般的な考え方に対して、聖書にしばしば現れるのは〈霊と心と体〉の三つから成るという人間理解です。ＹＭＣＡ・ＹＷＣＡという団体の有名な逆三角形のシンボルマークも、〈霊と心と体〉を意味します。ここでパウロはアテネの偶像を見て、もちろん肉体が刺激されるわけはないし、心が刺激されるというのも少し違う。霊が刺激されたのです。霊とは、人が神と関わる次元のことです。私たちは霊において神と関わります。ところがその神との関わりにおいて、霊がゆがんだり、ねじれたり、貧しくなったりします。ここでパウロは、〈神との関わりにおいて〉じっとしていられない感覚を覚えた、というのです。それはもちろん憤りの感情をも含むものかもしれませんが、憤りだけで伝道はできません。

私たちのまわりにも無数の偶像があります。どんなものでも、人間がそれを偶像化するなら偶像になります。それを拝んでいる人の姿を見ながら、私たちの霊は刺激されます。愛と憤りがひとつになるような刺激です。その霊的な感覚を失ったら、伝道することもできないと思うのです。

「知られざる神」の支配に抗して

「それで、会堂ではユダヤ人や神を崇める人々と論じ、また、広場では居合わせた人々と毎日論じ合った」（17節）。ユダヤ人の「会堂」に行ったのは、パウロのいつもの伝道の方法です。もうひとつ、パウロがアテネでおそらく初めて試みたことは「広場」に行くということでした。ギリシア語で「アゴラ」と呼ばれる場所で、かつてソクラテスが人びとと対話をしたところです。それは当時のアテネにおいても、いちばん正統的な、また有効な情報伝達の方法でした。現代の私たちがＩＴを駆使して伝道するということにも似ているかもしれませんが、きっとそれ以上に勇気がいることだったと思います。私たちも、もっと広い広場に出て行く勇気を与えられたいと思います。しかしパウロは、少なくともとっかかりにおいては、アテネの人びとの心を見事に捉えることができました。

「また、エピクロス派やストア派の幾人かの哲学者もパウロと討論したが、その中には、『このおしゃべりは、何が言いたいのか』と言う者もいれば、『彼は外国の神々を宣伝する者らしい』と言う者もいた。パウロが、イエスと復活について福音を告げ知らせていたからである。そこで、彼らはパウロをアレオパゴスに連れて行き、こう言った。『あなたが説いているこの新しい教えがどんなものか、説明してもらえないか。……』」（18～19節）。

私たちの国にいる隣人たちも、本当は、キリストの福音に関心を持っていると思います。たとえそれが、「すべてのアテネ人やそこに滞在する外国人は、何か耳新しいことを話したり聞いたりすることだけで、時を過ごしていたのである」（21節）というようなものであったとしても、いやだからこそ、その人たちのために福音を語らなければなりません。

そこでパウロは語り始めました。「アテネの皆さん、あなたがたがあらゆる点で信仰のあつい方であることを、私は認めます」（22節）。「信仰のあつい」とは、「宗教的な」とも訳せます。人間は誰でも神を求める宗教心を持っています。それは神から与えられたものです。けれどもパウロは、そういう人間の宗教心を手放しで肯定しているわけでもないのです。

「道を歩きながら、あなたがたが拝むいろいろなものを見ていると、『知られざる神に』と刻まれている祭壇さえ見つけたからです。それで、あなたがたが知らずに拝んでいるもの、それを私はお知らせしましょう」（23節）。

古代ギリシア人は無数の神々を持っていました。日本の八百万《やおよろず》の神にも似ています。それで、未知の神に対してもうっかり失礼があってはいけないと考えて、「知られざる神に」という祭壇が作られたのでしょう。なるほどと思いますが、その根底にあるのは恐れでしかありません。日本古来の宗教も、結局は神々の怒りや祟《たた》りを避けるためのものです。鎌倉雪ノ下教会の現在の教会堂を建てる際に、建設業者の人たちが強く求めたことは、地鎮祭だけはしてほしいということでした。それで当時の牧師が地鎮祭に代わるお祈りをしたら、「こんなお祈りでだいじょうぶか」という文句が背後から聞こえてきたので、その牧師は振り返って「ちゃんと祈ったでしょ！」と言ったとか、言わなかったとか。

「知られざる神」は、日本人の心をも根深く支配していると思います。

ギリシアの神々にしても、日本の宗教にしても、人間が考えた神でしかありません。自分で考え出したただけの神に対して、「祟りがあるかも」、「罰が当たらないように」、「今日の運勢は」などと恐れるというのは、本末転倒と言うほかありませんが、パウロは決してアテネの人たちをばかにはしませんでした。もしもキリスト者に特別な点があるとするなら、それは神の愛を知っているということです。私たちは、神に知られているのです。それをここでパウロも伝えるのです。

今こそ、神を知ろう

「あなたがたが知らずに拝んでいるもの、それを私はお知らせしましょう。世界とその中の万物とを造られた神が、その方です。この神は天地の主ですから、人の手で造った神殿などにはお住みになりません。また、何か足りないことでもあるかのように、人の手によって仕えてもらう必要もありません。すべての人に命と息と万物とを与えてくださるのは、この神だからです。……これは、人に神を求めさせるためであり、また、彼らが探し求めさえすれば、神を見いだすことができるようにということなのです。実際、神は私たち一人一人から遠く離れてはおられません」（23〜25、27節）。

神は、人に助けてもらう必要などない。話はまったく逆だ。神が、あなたに命を与える。その神が、私たちにも知られることを望んでおられるというのです。神は、愛だからです。

「さて、神はこのような無知な時代を大目に見てくださいましたが、今はどこにいる人でも皆悔い改めるようにと、命じておられます。先にお選びになった一人の方によって、この世界を正しく裁く日をお決めになったからです。神はこの方を死者の中から復活させて、すべての人にそのことの確証をお与えになったのです」（30〜31節）。

神は愛です。しかしそれは、アテネの人たちの無知をそのまま肯定するということではありません。

「今は、無知であってはならない」とパウロははっきり言います。なぜなら、「今」は特別な時だからです。神は、キリストを死者の中から復活させられました。そのことによって、今や神は「知られざる方」ではなくなったのです。「今、悔い改めよう。今こそ、神を知ろう」と言うのです。

アテネで起こった神の奇跡

しかし、パウロの伝道の結末は、次の通りです。

「死者の復活ということを聞くと、ある者は嘲笑《あざわら》い、ある者は、『それについては、いずれまた聞かせてもらうことにしよう』と言った。それで、パウロはその場を立ち去った」（32～33節）。

このような結末を、ことさらに特別視する必要はありません。私たちも、まったく同じことでいつも悩んでいるのです。ところが、「しかし、彼に付いて行って信仰に入った者も、何人かいた。その中にはアレオパゴスの議員ディオニシオ、またダマリスと言う女やその他の人々もいた」（34節）。アテネにもキリストの福音を受け入れる人が起こされました。それを神の奇跡と呼ぶことをはばかる必要もないのです。今私たちも、同じ神の奇跡を何度も見せていただいているはずです。

21　この町には、私の民が大勢いる（18・1～11）

ある夜のこと、主は幻の中でパウロにこう言われた。「恐れるな。語り続けよ。黙っているな。私はあなたと共にいる。だから、あなたを襲って危害を加える者はない。この町には、私の民が大勢いるからだ」。（18・9～10）

ある夫婦との出会い

パウロはコリントに一年半滞在しました（11節）。のちにパウロが大部の手紙を書くことになった、あのコリントの町です。その手紙の分量も、そしてその内容もさることながら、一年半というのはパウロにとって異例の長期滞在です。経済的に豊かな町でした。それだけに道徳・風紀の乱れも甚だしい場所であったようです。そのような町にパウロは腰を落ち着けて伝道し、そこに生まれた教会は、パウロにとって良くも悪くも忘れることのできない存在となりました。

特にパウロにとって忘れがたい出来事となったのは、ある夫婦との出会いでした。「ここで、ポントス州出身のアキラと言うユダヤ人とその妻プリスキラに出会った」（2節）。かつて私が育った教会に、この夫婦の名を由来とする「アップの会」という集まりがありました。「青年会」よりも少し年齢がアッパーな会ですが、由来はあくまで「アキラとプリスキラ」。私の学生時代、アップの会の人たちがよいお兄さん、お姉さんでいてくれたことは、生涯の宝になりました。教会に生きるとはどういうことかを、体で教えてくれました。こういう「若夫婦の会」のような交わりが日本の教会にもっともっと育っていくといいなあと、今も私は祈り続けています。

パウロにとっても、またアキラとプリスキラにとっても、この出会いは神の慰めそのものであったと思います。神が出会わせてくださったとしか考えられない。その次第がこのように伝えられます。「クラウディウス帝が、全ユダヤ人をローマから退去させるようにと命令したので、最近イタリアから来たのである」（2節）。国家権力の横暴に振り回されるような形で、この夫妻はローマから追い出されなければなりませんでした。コリントでよそ者として不自由な生活を強いられていたところに、ある日突然、パウロという伝道者がやって来ました。それは本当に奇跡の出会いであったと思います。こういう幸いな出会いを、多くのキリスト者が知っているのではないでしょうか。あそこであの牧師に出会ったから。あの教会にあの夫妻がいたから……。

牧師の生活について、特に謝儀について

特にパウロにとって幸いであったのは、彼らがパウロと同業者であったということです。「パウロはこの二人を訪ね、自分も同業者であったので、彼らの家に住み込んで、一緒に仕事をした。その職業はテント造りであった」(2〜3節)。一緒に仕事をし、寝食を共にし、さらに共に伝道する生活を与えられて、パウロは幸せだったと思います。

ところで、ここでどうしても説明が必要なことがあります。なぜパウロがテント造りの仕事をしたのか、そのことがなぜコリント伝道の文脈においてことさらに語られるのか、ということです。ひとつの理由は、当時のユダヤの教師たちに、律法を飯の種にしてはならないという考え方があったらしいのです。それで、パウロもコリントでは自分で生活費を稼ぎながら伝道することになりました。そこで思い起こすべき聖書の言葉があります。のちにパウロがコリントの教会に対して丁寧に弁明しなければならなかったことは、牧師が謝儀を受け取ることの是非です。私自身は、鎌倉雪ノ下教会の献金で生活を支えられて、伝道だけに専念する生活が許されています。ところがパウロはコリントの教会に対して、自分はあなたがたから何ももらったことはない、と言うのです。

「同じように、主は、福音を宣べ伝える人たちには福音によって生活の糧を得るようにと、命じられたのです。しかし、私はこれらの権利を一つも用いませんでした。こう書いたのは、自分もそうし

たいからではありません。そうするくらいなら、死んだほうがましです……」（Iコリント9・14～15）。「私は誰に対しても自由な者ですが、すべての人の奴隷となりました。より多くの人を得るためです」（Iコリント9・19）。

パウロの発言の主旨は明らかです。「私は自由な者だ。あなたがたから謝儀をもらわない自由さえ与えられているのだ」。けれどもこれは、孤高の聖人の発言ではありません。アキラとプリスキラという仲間と共に働き、その交わりに慰められていた人の言葉です。

ところが興味深いのは5節以降で、そこからパウロの生活の状況が変わったというのです。「シラスとテモテがマケドニア州からやって来ると、パウロは御言葉を語ることに専念し、ユダヤ人に対して、メシアはイエスであると力強く証しした」。これはどういうことかというと、フィリピの信徒への手紙4章15節以下にこういう記述があるのです。

「フィリピの人たち、あなたがたも知っているとおり、私が福音の宣教の初めにマケドニアから出かけて行ったとき、会計を共にしてくれた教会は、あなたがたのほかに一つもありませんでした。テサロニケにいたときにも、あなたがたは私の窮乏を救おうとして、何度も物を送ってくれました」。

フィリピの教会が、パウロのために相当額の献金をしたようなのです。それが5節で「シラスとテモテがマケドニア州からやって来ると」ということの意味です。それ以降、「パウロは御言葉を語ることに専念し」、もはや自分の生活費を稼ぐ必要はなくなりました。こういうところにもパウロの自由な姿を見出すことができます。必要なら自分の生活費を稼ぎながら伝道する自由を持っていたし、献金が与えられれば、喜んでその協力を受け入れています。

この町には、私の民が大勢いる

こうして、コリント伝道は力強く前進していきました。それだけに反対の声も強くなりました。「しかし、彼らが反抗し、口汚く罵ったので、パウロは衣の塵を振り払って言った。『あなたがたの血は、あなたがたの頭に降りかかれ。私には責任がない。今後、私は異邦人のところへ行く』。パウロはそこを去り、神を崇めるティティオ・ユストと言う人の家に移った。彼の家は会堂の隣にあった」(6〜7節)。

神は本当に不思議なことをなさいます。「あなたがたの血は、あなたがたの頭に降りかかれ」とまで言ってユダヤ人の会堂と決裂したと思ったら、その後パウロが住むことになった家はユダヤ人の会堂の隣に建っていたというのです。パウロも心中複雑だったかもしれません。それでもなおパウロがキリストの福音を語り続けた、その声は隣のユダヤ人会堂にも聞こえたと思います。

その結果、さらに驚くべきことが起こります。「会堂長のクリスポは、一家を挙げて主を信じるようになった」（8節）。「あなたがたの血は、あなたがたの頭に」とまで言われた会堂の責任者が、こともあろうにパウロから洗礼を受けるとは……。「また、コリントの多くの人も、パウロの言葉を聞いて信じ、洗礼を受けた」（8節）。そんな折、パウロは主の声を聴きました。

「ある夜のこと、主は幻の中でパウロにこう言われた。『恐れるな。語り続けよ。黙っているな。私はあなたと共にいる。だから、あなたを襲って危害を加える者はない。この町には、私の民が大勢いるからだ』」（9～10節）。

パウロは何を恐れていたのでしょうか。いや、ふつうに考えれば恐ろしいことだらけです。会堂長が洗礼を受けたといっても、大部分のユダヤ人の厳しい態度は依然として和らいでいないのです。「恐れるな。語り続けよ。黙っているな」。この恐れとは、語るのをやめたくなる恐れです。私たちもこの恐れをよく知っています。ましてここでは、「あなたを襲って危害を加える者はない」と言われます。そんなことを言われたら、逆にますます怖くなるかもしれません。実際、パウロはこれまでに何度も襲われて危害を加えられる経験をしているのです。

しかし、なぜ恐れてはならないのでしょうか。なぜ黙ってはならないのでしょうか。私たちの翻訳ではわかりにくいのですが、原文では「恐れるな。語り続けよ。黙っているな」と言ったあと、その理由を述べる文がふたつ続きます。「なぜなら、私があなたと共にいるからだ」。「なぜなら、この町には、私の民が大勢いるからだ」。恐れ、また黙ってはならない理由はふたつ。主が共におられること。そして、主の民がこの町に大勢いることです。

「この町には、私の民が大勢いるからだ」。主がパウロに先んじて、コリントにいる「私の民」を知っていてくださるのです。これは、伝道に生きる教会を根本的に励ます事実です。私たちも、一所懸命伝道したいと思います。けれども教会の伝道とは、主が先に選んでいてくださるご自分の民を、後追いするように見出していくだけなのです。そのことを知るとき、私たちは伝道をめぐる恐れや不安から解放されます。もしも私たちが自分の力で伝道し、自分の力で受洗者を獲得しなければならないとしたら、こんなに恐ろしいことはありません。そもそも私たち自身が救われたのも、自分の決断によることではありません。神が私を、ご自身の民として選んでくださったのです。

思えば、パウロが経験したアキラとプリスキラとの出会いも、「この町には、私の民が大勢いる」という主の約束を裏打ちする出来事でしかありませんでした。「本当にそうだ。神は最初から、ご自分の民をこの町に生かしていてくださったのだ」。その事実に慰められていたパウロが、幻の中で「恐れるな。語り続けよ」という主の声を聴きました。私たちに無限の励ましを与える出来事です。

22 福音は、ローマに行かなければならない（19・21〜40）

このようなことがあった後、パウロは、マケドニア州とアカイア州を通りエルサレムに行こうと決心し、「私はそこに行った後、ローマも見なくてはならない」と言った。（19・21）

エフェソで見た伝道の幻

18章22節でパウロたちの第二回伝道旅行が終わり、23節からは第三回伝道旅行の記録が始まります。聖書巻末の地図などを見ると、第三回の旅行もそれなりの規模だったことがわかりますが、使徒言行録の叙述の多くはエフェソでの出来事に集中しています。

エフェソというのは、少なくともパウロにとっては特別な町でした。第二回の伝道旅行においても、パウロがいちばん行きたかった町はエフェソであったかもしれません。けれどもどういうわけか、「彼らはアジア州で御言葉を語ることを聖霊から禁じられた」（16・6）という事態が起こります。要するに、エフェソに行きたくても行けなかったのです。そんなパウロが、既に第二回の旅行の最後にコリントから海を渡ってエフェソに行くことができ、どんなに感慨深いことだったかと思いますが、そのときには「神の御心ならば、また戻って来ます」（18・21）と言って、すぐに旅立ちます。そして第三回の旅行でも、多くの教会を巡回しつつも、やはり最大の目的地はエフェソであって、パウロはそこで三年にわたって腰を落ち着けて伝道することができました。パウロにとっては異例の長い滞在期間です。そのエフェソを遂に去るというときに、パウロはエフェソの長老たちを呼び寄せ、「私が三年間、あなたがた一人一人に夜も昼も涙を流して教えてきたことを思い起こして、目を覚ましていなさい」（20・31）とまで言います。パウロがエフェソで過ごした三年間は、本当に恵みの密度の濃い時間だったのだと思わされます。

しかし、おそらくパウロにとって最も重大な出来事となったのは、このエフェソ滞在中にさらに大きな伝道の幻を見せていただいたことであったと思います。

「このようなことがあった後、パウロは、マケドニア州とアカイア州を通りエルサレムに行こうと決心し、『私はそこに行った後、ローマも見なくてはならない』と言った」（19・21）。

ローマに物見遊山に行きたい、という意味ではありません。世界の中心地であるローマでもキリストの福音を宣べ伝えなければならない、という伝道の幻です。

「ローマも見なくてはならない」とあります。英語で言えば“must”にあたる助動詞が使われます。

この助動詞については14章21節以下のところ（本書16章）でも説明しました。ルカはこの小さな助動詞を神の御心、神の決断を表現するために大切に用いました。その意味では、21節に「エルサレムに行こうと決心し」とありましたが、これも自分の決意というより、神の決断に根ざす伝道の幻です。パウロは幻の内に、自分がローマに立ち、そこからさらに福音が全世界に広がっていく様子を見せていただいたのだと思います。その神の御心に身を委ねて、パウロはエフェソを去ろうとするのです。

アルテミス神殿の持つ意味

そのような御心がはっきりと見え始めていたころ、奇妙な騒動が起こりました。「その頃、この道のことでただならぬ騒動が起こった」（23節）。「この道」というのは、言うまでもなくキリスト信仰のことです。それをルカが「道」と表現していることは興味深いと思います。キリストを信じる道と、エフェソの町を支配していた生き方が、遂に決定的な衝突を起こしてしまった。このふたつの道は決して両立しないので、どちらかの道を選んだら、もうひとつの道は捨てなければならない。そのエフェソの町を支配していた道というのが、このように紹介されています。

「デメトリオと言う銀細工師が、アルテミスの神殿の模型を銀で造り、職人たちにかなり利益を得させていた。彼は、この職人たちや同じような仕事をしている者たちを集めて言った。『諸君、ご承知のように、この仕事のお陰で我々はもうけているのだが……』」(24〜25節)。

エフェソにはアルテミスという女神を祀る神殿がありました。人びとの豊かさを保証してくれる神として信じられていたようで、胴体いっぱいに多くの乳房を持つという不思議な姿をしていたそうです。その神殿がまたとんでもない大きさで、横幅七〇メートル、奥行きは一二〇メートル、高さは何と一九メートル(ほぼ五階建て!)の柱が百何十本も立っていたそうです。このような神殿が、ただ信心の対象にとどまらず、大きな観光資源にもなったことは、決して不思議ではありません。それが先ほど24〜25節を読んだ通り、人びとの生活を潤していたのです。宗教というのは、本質的に人間の不安や恐れに訴えるところがありますから、それだけに金儲けの手段にもなりやすい。これは古今東西変わりません。だからこそ、パウロの伝道はエフェソの銀細工師たちの神経を刺激することになりました。

騒動を引き起こす福音の力

特にエフェソの銀細工師たちが聞き咎めたパウロの発言が、こう記録されています。

「諸君が見聞きしているとおり、あのパウロは『手で造ったものなど神ではない』と言って、エフェソばかりでなくアジア州のほとんど全地域で、多くの人を説き伏せ、改宗させている。これでは、我々の仕事の評判が悪くなってしまうおそれがあるだけでなく、偉大な女神アルテミスの神殿もないがしろにされ、アジア州全体、全世界が崇めるこの女神のご威光さえも失われてしまうだろう」（26～27節）。

私が本書を書く上で大いに参考にしたのは、横浜指路《しろ》教会の藤掛《ふじかけ》順一牧師の説教です（同教会のウェブサイトで読むことができます）。この箇所を説きながら、こういう話をしておられます。

「キリストの福音が宣べ伝えられることによって、ある種の仕事をしている人々との間に衝突が起る、ということは現実に起ります。私が前にいた富山県のある町で、明治の半ばごろに実際にあったことですが、町の仏壇仏具商や遊郭の経営者たちが、教会になぐり込みに来たのです。その町は特に仏壇仏具の製造が盛んな所でしたから、その人々にとってはキリスト教の伝道は自分たちの仕事への直接の妨害と感じられたのでしょう。そこに遊郭の人も加わっていたことが興味深いところです。明治以来、日本においてキリスト教は、いわゆる廃娼運動の担い手でした。キリストの福音が宣べ伝えられるところには、遊郭通いを罪として退ける風潮が生じていったのです」。

しかしそこで藤掛牧師は問いかけるのです。われわれが伝道している横浜の街にも、女性の体を売り物にするような商売がいくらでも繁盛している。「本来ならば、私たちが福音を宣べ伝えることによって、それらの商売が影響を受け、それで金儲けをしている人々が、営業妨害だと言ってどなり込んで来るぐらいのことが起こらなければならないはずなのです」。そうかもしれません。

しかし考えてみると、パウロだっていきなり神殿に喧嘩《けんか》を売るようなことはしていないのです。37節でも町の書記官が群衆をなだめて、「諸君がここに連れて来た者たちは、神殿を荒らしたのでも、我々の女神を冒瀆したのでもない」と言っています。パウロがしたことは、ただ地道に三年間、「手で造ったものなど神ではない」という当たり前のことを語り続けただけです。それがいつの間にか、これほどの騒動を引き起こす力を持つことになりました。福音自身の力が引き起こした騒動です。そのことにいちばん驚いたのはパウロ自身であったかもしれません。

偶像を造り、頼る者は皆、偶像と同じようになる

「手で造ったものなど神ではない」。言われてみれば当たり前のことですが、なぜ人間は、この当たり前のことを受け入れることが難しいのでしょうか。ここで騒ぎを起こした人びとは、「偉大なるかな、エフェソ人のアルテミス」と二時間も叫び続けたというのですが、それはアルテミスのご威光のためというよりも、このままではわれわれの商売が危ういということでしかありませんでした。自分の利益が自分の神となっていたのです。けれども、何度でもパウロの言葉に戻ります。「手で造ったものなど神ではない」。あなたを救うのは、お金でも偶像でもない、ただひとりの神だ。このエフェソでの騒動は、いったい人間が何を偶像にしたがるのか、その根本的な罪を見事に暴露しています。

「彼らの偶像は銀と金／人の手が造ったもの。
口があっても語れず／目があっても見えない。
耳があっても聞こえず／鼻があっても嗅ぐことができない。……
それを造り、頼る者は皆／偶像と同じようになる」。（詩編115・4～6、8）

詩編が語る通りのことが起こりました。「さて、群衆はあれやこれやとわめき立てた。集会は混乱するだけで、大多数の者は何のために集まったのかさえ分からなかった」（32節）。「群衆は一斉に、『偉大なるかな、エフェソ人のアルテミス』と二時間ほども叫び続けた」（34節）。目があっても見えず、耳があっても聞こえず、まさしくこの群衆の姿は、「偶像と同じようになる」と詩編が語る通りです。そのような人びとのところに、神はご自分の伝道者を遣わしてくださったのです。

そのような町の中で、パウロはひとつの幻を見せていただきました。「私は、ローマも見なくてはならない」。キリストの福音が全世界に宣べ伝えられなければならない。そのために、神がわたしをローマに遣わしてくださる。それは、使徒言行録の最初の主イエスの約束にも相応じる言葉にもなっています。「あなたがたは……地の果てまで、私の証人となる」（1・8）。この神の御心の成就を、使徒言行録は生き生きと物語ってくれます。

23　神の霊に縛られたパウロ（20・13～38①）

「そして今、私は霊に促されてエルサレムに行きます。そこでどんなことがこの身に起こるか、何も分かりません。ただ、投獄と苦難とが私を待ち受けているということだけは、聖霊がどこの町でもはっきりと告げてくださっています。しかし、自分の決められた道を走り抜き、また、神の恵みの福音を力強く証しするという主イエスからいただいた任務を果たすためには、この命すら決して惜しいとは思いません」。

（20・22～24）

真実の別れの言葉

パウロの第三回伝道旅行が終わろうとしています。その終着点はエルサレムです。しかしその前に、パウロがどうしてもしなければならなかったことは、エフェソの教会の長老たちに別れの言葉を告げることでした。けれども、エフェソに行くわけにはいきません。「パウロは、アジア州で時を費やさないように、エフェソには寄らないで航海することに決めていたからである。できれば五旬祭にはエルサレムに着いていたかったので、旅を急いでいたのである」（16節）。パウロは、エフェソの教会に特別な思い入れがありました。ですから、エフェソに立ち寄ったら、きっと時間を取られることになるに違いない。どうしたって離れがたい思いに誘われるに違いない。そういう思いを断ち切って、主が見せてくださった目的地を目指さなければならないのです。

そこでパウロは、ミレトスというエフェソから数十キロ離れた港町に、わざわざエフェソの長老たちを呼び寄せます。「そして今、あなたがたが皆もう二度と私の顔を見ることがないと、私には分かっています」（25節）。まさに遺言です。「そして今、あなたがたを神とその恵みの言葉とに委ねます」（32節）と言うのです。「私がいなくてもだいじょうぶ。神の恵みの言葉が、あなたがたと共にあるから」。エフェソの長老たちは、どんなに真剣な思いでこれらの言葉を聞いたことでしょうか。私自身、伝道者としての生活のさまざまな場面で、この言葉に生かされてきました。

「そして今、私は霊に促されてエルサレムに行きます。そこでどんなことがこの身に起こるか、何も分かりません。ただ、投獄と苦難とが私を待ち受けているということだけは、聖霊がどこの町でもはっきりと告げてくださっています。しかし、自分の決められた道を走り抜き、また、神の恵みの福音を力強く証しするという主イエスからいただいた任務を果たすためには、この命すら決して惜しいとは思いません」（22～24節）。

これを聞いて、エフェソの長老たちは耐え切れずに泣き出しました（37節）。このようなところで、偽物の言葉は通用しません。このパウロという人間が何者であったか、何がパウロを生かしてきたのか、そのすべてが正直に現れてきます。エフェソの長老たちも、それを全部知っているのです。そこに生まれた別れの言葉です。

主の奴隷として、謙遜の限りを尽くし

「アジア州に足を踏み入れた最初の日以来、いつも私があなたがたとどのように過ごしてきたかは、よくご存じです。すなわち、謙遜の限りを尽くし、涙を流しながら、また、ユダヤ人の数々の陰謀によってこの身に降りかかって来た試練に遭いながらも、主にお仕えしてきました」（18〜19節）。

ここでパウロは、エフェソの長老たちに、これまでの三年間のことを振り返らせようとしています。その三年間を要約するように「私は、主にお仕えしてきました」と言います。直訳すれば「奴隷になる」という言葉です。私がしてきたことのすべては、この一点に尽きる。私の人生は、私のものではない。私は、主の奴隷なのだ。「生きているのは、もはや私ではありません」（ガラテヤ２・20）というパウロ自身の言葉をも思い起こさせます。

主の奴隷たる者のいちばんの特質は、「謙遜の限りを尽くし」ということです。謙遜でなければ奴

隷になることはできません。それは〈謙譲の美徳〉とは違います。私たちが称賛する謙譲の美徳とは、実は能力のある人がへりくだることでしょう。けれどもパウロがここで言っていることは、事実私は主の奴隷でしかないので、その事実に即して「謙遜の限りを尽くす」ということです。しかもパウロは、だからと言って、自分なんか何の役にも立ちやしないと卑屈になったわけでもないのです。

「謙遜の限りを尽くし、涙を流しながら」と言います。いったい、どういう涙でしょうか。私たちも、主の僕として仕えようとするとき、きっと涙がこぼれることもあると思います。人びとの無理解の前で途方に暮れたり、一所懸命働いているのに逆に悪口を言われたり、そういうときに、「なにくそ」と歯を食いしばるという生き方もあり得るかもしれません。けれどもパウロはそうではなくて、謙遜の限りを尽くし、主の奴隷として立ち続けたのです。

たとえば19章が伝えるエフェソでのさまざまな出来事を読むだけでもよいのです。パウロにもつらかったこと、悔しかったこと、思わず涙が流れたことは山ほどあったと思います。パウロはしかし、「なにくそ」と思って耐えてきたのではありません。自分が涙を流しているのはあの人のせいだ、この人が悪いんだというようなことも、一度も考えませんでした。主の奴隷として謙遜の限りを尽くし、だからこそ倒れずに歩み続けることができたのです。

私たちがさまざまな試練に遭うとき、とりわけ主の奴隷として苦しみを被り、涙さえ流れるとき、

「なにくそ」と思ったり、逆に卑屈になったり、ふさぎこんだり……けれどもそれは結局、自分にこだわっているだけだと思うのです。真実の謙遜ではなく、ただ謙遜のポーズをとっているだけの人は、試練に耐えることができません。「私みたいな無能な人間、いなくたっていいんだ」と謙遜してみせている人に対して、「その通りですね」などと言ったら、本当に倒れてしまうかもしれません。それも結局、自分にこだわっているだけなのです。そんな私たちが救われる道はただひとつ、主の奴隷として、主にお仕えすることだけです。

神の霊に縛られて

そのような〈主の奴隷〉の姿が、22節以下ではこのように描写されます。「そして今、私は、霊に促されてエルサレムに行きます」。直訳すると「霊に縛られて」という表現です。囚人が鎖に縛られるというときにも使われる言葉です。そう言えば9章2節にも、かつて教会の迫害者であったパウロの姿を描写して、「この道に従う者を見つけ出したら、男女を問わず縛り上げ、エルサレムに連行するためであった」と書いてありました。神のなさることは本当に不思議です。かつてはキリスト者たちを縛り上げ、エルサレムに連行しようと息巻いていた男が、今は神の霊に縛り上げられ、主の奴隷としてエルサレムに連行されようとしています。しかもこれこそが、すべてのキリスト者に与えられる恵みの道なのです。

本書の終わりの方で改めて読みますが、26章29節にも、この「縛る」から派生した「鎖」という言葉が出てきます。パウロが鎖につながれながら、ユダヤの王アグリッパに入信を勧めるのです。「言葉が少なかろうと多かろうと、王ばかりでなく、今日この話を聞いてくださるすべての方が、私のようになってくださることを神に祈ります。このように鎖につながれることは別ですが」。

ユーモアさえ感じさせる発言です。「どうかすべての人が私のように、主の奴隷となれますように。まあ、このように鎖に縛られることは別ですけどね」。まるで、こんな鎖などあってもなくても大して変わらん、と言わんばかりです。なぜなら、もっと重大なものがパウロを縛り付けているからです。だからこそパウロは、「自分の決められた道を走り抜き、また、神の恵みの福音を力強く証しするという主イエスからいただいた任務を果たすためには、この命すら決して惜しいとは思いません」（20・24）とまで言うことができました。ここに、何にもまさる自由な人間の姿があります。エフェソの長老たちは、パウロという人を通して、その真実の自由に触れることができました。

24 教会を生かす別れの言葉（20・13〜38②）

「どうか、あなたがた自身と羊の群れ全体とに気を配ってください。聖霊は、神がご自身の血によってご自分のものとなさった神の教会の世話をさせるために、あなたがたをこの群れの監督者に任命されたのです」。（20・28）

「そして今、あなたがたを神とその恵みの言葉とに委ねます。この言葉は、あなたがたを造り上げ、聖なる者とされたすべての人々と共に相続にあずからせることができるのです」。（20・32）

今、あなたがたを神とその恵みの言葉とに委ねます

パウロの第三回伝道旅行の終わり近く、パウロはミレトスという港町にエフェソの長老たちを呼び寄せ、最後の別れの言葉を告げました。「そして今、あなたがたが皆もう二度と私の顔を見ることがないと、私には分かっています」（25節）。教会と牧師との間には、しばしばこのような別れの危機が訪れます。そのような場面でパウロが集中的に語ったことは、「教会とは何か」ということです。28節にも「聖霊は、神がご自身の血によってご自分のものとなさった神の教会の世話をさせるために」という表現があります。教会は、神のものです。しかしパウロはここで「教会とは何か」という理屈を論じているのではありません。このような言葉が語られ、聞かれているこの〈出来事〉の中に、教会というものの姿が鮮やかに描かれています。パウロの言葉を介して、涙が流され、しっかりと抱き合っている、まさにその姿の中に、教会というものの真実の姿が現れているのです。

教会は神のものです。そのことを、それこそ集中的に明らかにする言葉がこのように語られます。「そして今、あなたがたを神とその恵みの言葉とに委ねます。この言葉は、あなたがたを造り上げ、聖なる者とされたすべての人々と共に相続にあずからせることができるのです」（32節）。

鎌倉雪ノ下教会の私の前任の東野尚志《ひさし》牧師が、鎌倉を去る最後の日曜日にこの一句だけを説教しました。その意味は、多くを語らずとも理解できると思います。東野牧師は、その日初めて鎌倉雪ノ下教会を神の恵みの言葉に委ねたわけではありません。「これまでは私が教会の面倒を見てきたけれども、これからはそうもいかないから、あなたがたを神の恵みに委ねます」ということでは絶対にありません。今までも、これからも、変わることなく、教会は神のものであり続ける。神の言葉が、教会を支える。だからこそ31節では、「私が三年間、あなたがた一人一人に夜も昼も涙を流して教えてきたことを思い起こして、目を覚ましていなさい」とも言われるのです。

残忍な狼から教会を守るために

こういう言葉を聞きながら、エフェソの長老たちは激しく泣きました（37節）。けれどもそれは、ただ感傷的になったという話ではないと思います。むしろ非常な緊張感をもってパウロの言葉を心に刻んだと思います。「教会は神のものだ」。まさしくその事実のために、彼らは長老として召されたのです。

「どうか、あなたがた自身と羊の群れ全体とに気を配ってください。聖霊は、神がご自身の血によってご自分のものとなさった神の教会の世話をさせるために、あなたがたをこの群れの監督者に任命されたのです」（28節）。

教会は、神のものです。他の誰のものにもなりません。そのために神ご自身の血が流されたのです。ところが教会は、その点でしばしば間違いを犯します。「○○先生の△△教会」などと呼んでみたり、「教会は牧師だけのものではない、皆で民主的にやっていくんだ」と主張してみたり、いずれも的外れです。教会は牧師のものでも、皆のものでもありません。神の教会です。そのことを明らかにし、またその事実を守るために、どうしても長老という職務が必要になったのです。

ここでの〈長老〉とは、日本の多くのプロテスタント教会で役員とか長老と呼ばれる職務に相当するのかもしれませんが、牧師に近い役割も担っていたかもしれません。いずれにしても、その責任はたいへん重いものです。「どうか、あなたがた自身と羊の群れ全体とに気を配ってください」（28節）。いつも教会のために祈り、教会員ひとりひとりのために気を配る、そういう長老でありなさい。当然のことです。しかしそのために、まず「あなた自身に気を配りなさい」とも言われます。特に牧師、長老、役員が深い恐れをもって読むべき言葉です。なぜかと言うと、29節以下でさらにこう言われるからです。

「私が去った後、残忍な狼どもがあなたがたのところへ入り込んで来て群れを荒らすことが、私には分かっています。また、あなたがた自身の中からも、邪説を唱えて弟子たちを従わせようとする者が現れます」（29～30節）。

エフェソの長老たちは、身じろぎひとつせずにこの言葉に耳を傾けたと思います。「残忍な狼ども」、いったい誰のことだろう、と思案する間も与えられず、「あなた自身が狼になるかもしれないよ」と言われるのです。その意味で、パウロは冷静な現実主義者です。聖霊が教会を生かし、聖霊が長老を任命してくださることをまったく疑うことなく、しかもその長老たちが残忍な狼になり得る可能性を冷静に見つめています。

だからこそ、そのあなたがたを「神とその恵みの言葉とに委ねます」と言われるのです。「私が三年間、あなたがた一人一人に夜も昼も涙を流して教えてきたことを思い起こして、目を覚ましていなさい」。「これからも、今まで通り、御言葉を聞き続けなさい」。それ以外に長老が長老として立つ道もないし、教会が生きる道もほかにないからです。

このような言葉を語りながら、既にパウロの目には涙がにじんでいたのではないかと思います。かつては誰よりも残忍な教会の迫害者であったパウロです。「私は、神の教会を迫害したのですから、使徒たちの中では最も小さな者であり、使徒と呼ばれる値打ちのない者です。神の恵みによって、今の私があるのです」（Ｉコリント15・9～10）と言わなければなりませんでした。そんな私を、神の恵みの言葉が造り上げ、見よ、このように生かしていてくださる。そこに涙が流れるのは当然です。赦された罪人の涙、感謝の涙です。そして、もし長老たちが等しくこの涙を知っていさえすれば、既に狼になる誘惑からも守られているのです。そのために肝心なことは、もう一度申します、神の恵みの言葉を聞き続けることでしかありません。

受けるよりは与えるほうが幸いである

長老たちが残忍な狼にならないために。そのために与えられた決定的な言葉が、この有名な主イエスの言葉です。「受けるよりは与えるほうが幸いである」（35節）。四つの福音書のいずれも記録していない、使徒言行録だけが伝える、その意味でも珍しい主の言葉です。一見ずいぶん勇ましい言葉に思えますが、本当は赦された罪人の言葉なのです。神の恵みがなかったら今頃どこに消えていたかわからないような人間が、ところがそれでも性懲りもなく残忍な狼になってしまわないために、そのためにこのような恵みの言葉が与えられているのです。

しかし、よく考えてみると不思議な言葉です。「受けるよりは与えるほうが幸いである」。なんとなく、わかるような、わからないような。そして、本当の意味でこの言葉を理解していないから、私たちはしばしば残忍な狼になってしまうのではないでしょうか。

常識的には、なんとなくわかるのです。自分は人から受けるばかりで、何も人に与えることができないということは、たいへん惨めなことです。むしろ、人に親切にしてあげたり、困っている人を助けてあげたりして、初めてひとかどの人間になれたような気がするのです。それだけに、一所懸命人のために尽くしたのに誰も感謝してくれなかったり、かえって誤解されたり悪口を言われたりすると、私たちはひどく傷つきます。与えた結果、人からほめられたり感謝されたり、受けるものがあるから、その限りにおいて私たちは与えることが好きなのです。違うでしょうか。もちろんそれは、主イエスの意図されたところから限りなく遠い理解です。いつも人からの感謝や評価やお返しを貪欲に追い続けている牧師や長老であるならば、「残忍な狼」と呼ばれても仕方がないでしょう。しかし、罪人には本当に難しいことだと思います。真実に〈与える〉ということは。

ところが、この言葉をお語りになった主イエスご自身は、徹底的にご自分を与え尽くされました。十字架の死に至るまで。しかも人びとは、十字架につけられた主イエスを言葉の限りに罵倒《ばとう》しました。誰もこのお方に感謝なんかしませんでした。そのようにして、このお方は「受けるよりは与えるほうが幸いである」という歩みを貫かれたのです。

このお方の血によって救われ、神のものとされたのがキリストの教会です。その教会にも与えられた「受けるよりは与えるほうが幸いである」という生き方は、決して偉い人間の生き方ではありません。ただ神の恵みによってのみ、今日あるを得ている人間に与えられた生き方です。直前の本書23章でも読んだ通り、「謙遜の限りを尽くし」、主の仕え人として生きるのです。

残忍な狼でしかなかったパウロも、この神の恵みを受けて、この恵みに生きる者とされました。「受けるよりは与えるほうが幸いである」。これこそがいちばん幸せな、いちばん人間らしく生きられる道なのだから、どうかあなたがたも私のように生きてごらん。パウロは三年間、いつも身をもって、そのことを示してきました。パウロという人は、つくづく幸せな人間だったと思います。その幸せは、教会に生きる者すべてに等しく与えられているものなのです。

25 パウロ、エルサレムへ行く（21・1〜16）

その時、パウロは答えた。「泣いたり、私の心を挫《くじ》いたり、一体これはどういうことですか。私は、主イエスの名のためならば、エルサレムで縛られることばかりか死ぬことさえも覚悟しているのです」。パウロが私たちの説得を聞き入れようとしないので、私たちは、「主の御心が行われますように」と言って、口をつぐんだ。（21・13〜14）

いざ、エルサレムへ

ここに、使徒言行録の大きな区切りがあります。最後のパウロの伝道旅行が終わります。その終着点はエルサレム。そこでパウロは捕らえられ、囚人として護送されるという形で念願のローマ行きを果たします。ところが、そのような大きな区切りの直前にルカが伝えることは、周りの人がパウロの歩みを止めようとしたということです。「彼らは霊に促され、エルサレムに行かないようにと、パウロに繰り返して言った」（4節）。「霊」、すなわち聖霊ご自身がパウロのエルサレム行きに反対なさったということでしょうか。もちろんそうではありません。

8節以下の出来事も強烈です。アガボという預言者がパウロの帯で自分の手足を縛り、こう言うのです。「聖霊がこうお告げになっている。『エルサレムでユダヤ人は、この帯の持ち主をこのように縛って異邦人の手に引き渡す』」(11節)。パウロを愛する人びとが泣いてエルサレム行きに反対したのは、むしろ当然です。もとよりパウロ自身、自分がエルサレムで悲惨な目に遭うことをよく承知していました。既に20章でもエフェソの長老たちに同じことを告げていたのです。

「そして今、私は霊に促されてエルサレムに行きます。そこでどんなことがこの身に起こるか、何も分かりません。ただ、投獄と苦難とが私を待ち受けているということだけは、聖霊がどこの町でもはっきりと告げてくださっています。しかし、自分の決められた道を走り抜き、また、神の恵みの福音を力強く証しするという主イエスからいただいた任務を果たすためには、この命すら決して惜しいとは思いません」(20・22〜24)。

「自分の命も惜しくない」とは、尋常でない発言です。世界でいちばん大事な自分の命であるはずです。けれども問題は、そのいちばん大事な命を何のために使うかということです。自分の命と、主イエスからいただいた任務を天秤にかけてみて、この任務のためなら自分の命も惜しくない。そこまで言えるということは、本当に幸せなことではないでしょうか。何のために生きているのかわからない人生ほど惨めなものはありません。いや、正確に言えば、神の霊がパウロの命を捕らえて、これをお用いになるのです。その神のご意志が揺らぐことは決してありませんでした。

神の霊に促され、また口をつぐまされ

しかし、ひとつ気になることがあります。「彼らは霊に促され、エルサレムに行かないようにと、パウロに繰り返して言った」（4節）。パウロは神の霊に促されてエルサレムに行くのだと言い張り、周りの人は聖霊に促されてそれだけはやめてくださいと言い、まるで聖霊が両者に矛盾することを教えているかのようです。しかしこれは矛盾でも何でもありません。前の頁で引用した20章23節には、「（エルサレムで）投獄と苦難とが私を待ち受けているということだけは、聖霊がどこの町でもはっきりと告げてくださっています」とあります。パウロも他の人も、このひとつのことを聖霊から告げられ、その上でパウロは行くと言い、ある人は行くなと言ったという話です。

その関連で、ここに「私たち」という表現が繰り返されていることは小さなことではありません。使徒言行録の中に、突然「私たち」という言い方が現れる箇所がいくつかあります。学者たちはそのことについてややこしい議論をするのですが、いちばん素朴な読み方は、使徒言行録を書いたルカ自身の体験が記されているということです。たとえば3節の「やがてキプロス島が見えてきたが、それ

を左にして通り過ぎ」という叙述も、実際に船に乗った人たちが、「おーい、左を見ろよ、いよいよキプロス島を過ぎるぞ」と言い合った経験があったからこそ、妙に細かい書き方になったのでしょう。

ルカも同じ船に乗っていたのです。さらに心を打たれるのは12節以下です。

「私たちはこれを聞き、土地の人と一緒になって、エルサレムへは上らないようにと、パウロにしきりに頼んだ。その時、パウロは答えた。『泣いたり、私の心を挫いたり、一体これはどういうことですか。私は、主イエスの名のためならば、エルサレムで縛られることばかりか死ぬことさえも覚悟しているのです』。パウロが私たちの説得を聞き入れようとしないので、私たちは、『主の御心が行われますように』と言って、口をつぐんだ」(12〜14節)。

ルカ自身が、パウロのエルサレム行きに反対したのです。「泣いたり、私の心を挫いたり、一体これはどういうことですか」とパウロに反論され、遂に口をつぐんだ経験を、ルカ自身がさせられたのです。それは結局、神の霊の前で口をつぐんだという、貴重な経験でもありました。

分裂した教会のために召され、苦しむパウロ

使徒言行録を書いたルカは、結局その大部分をパウロというひとりの人のために費やしています。ルカ自身がパウロという人に出会って、時に驚き、時にこれを説き伏せようとし、けれども結局は口

をつぐんだという経験の中で、何度も問い続けたのでしょう。「この人は、いったい何者なのだろう。神は、この人の命を用いて何をなさるのだろう」。

パウロとは何者なのでしょうか。なぜパウロはここまでエルサレム行きにこだわったのでしょうか。その背後にある大きな問題は、エルサレム教会と異邦人教会との関係です。既に繰り返し学んだ通り、ユダヤ人キリスト者が異邦人の救いを受け入れるということは、私たちの想像以上に困難なことでした。そして使徒言行録の見るところ、神はそのためにパウロの命をお用いになったのです。

ユダヤ人教会と異邦人教会。ひとつの教会が分裂したのではありません。誤解を恐れずに言えば、教会は最初から分裂した形で生まれたのです。どちらが間違っているという話でもないのです。ユダヤ人教会と異邦人教会、それぞれ別の歴史を神から与えていただいたのです。けれども教会は罪人の集まりですから、そのような教会の分裂状況は互いに対する敵意や差別、また無関心を生み、そのためにパウロという人が苦しまなければならないということも、神のお決めになったことなのです。パウロが最初に主に召されたとき、既に主はアナニアにこう告げておられました。「行け。あの者は、異邦人や王たち、またイスラエルの子らの前に私の名を運ぶために、私が選んだ器である。私の名のためにどんなに苦しまなくてはならないかを、彼に知らせよう」（9・15〜16）。

ところで実はもうひとつ、パウロがエルサレムに行かなければならない理由がありました。それは、エルサレム教会のための献金を届けることです。パウロは、エルサレム教会の困窮を助けるために可能な限り広い地域の異邦人教会から献金を集めていました。それは、パウロが生涯をかけて取り組んだ最重要課題でした。このことは使徒言行録を読んでいるだけではわかりにくいのですが、たとえばローマの信徒への手紙15章25節以下で、パウロはこう書いています。

「しかし今は、聖なる者たちに仕えるためにエルサレムに行きます。マケドニアとアカイアの人々が、エルサレムにいる聖なる者たちの中の貧しい人々を援助することに喜んで同意したからです。彼らは喜んで同意しましたが、実はそうする義務もあるのです。異邦人が彼らの霊のものにあずかったのであれば、肉のもので彼らに仕える義務があります。それで、私はこのことをやり遂げて、募金の成果を彼らに確実に手渡したら、あなたがたのところを通ってイスパニアに行くつもりです」。

ただ困っている人がいるから助けよう、という話ではありません。教会はキリストにあってひとつ。そのことを証しするための献金です。それはパウロにとって、命さえ惜しくないほど大切な事柄でした。異邦人をどこかで見下していたエルサレムの教会にとって、その異邦人の献げものによって自分たちの困窮が支えられており、しかもそれがキリストの名による献げものであったということは、どんなに大きな意味を持ったでしょうか。異邦人キリスト者たちだって、なぜ自分たちに献金の義務があるかと、文句のひとつも言いたかったかもしれません。それに対してパウロは明確に答えます。

「異邦人が彼らの霊のものにあずかったのであれば、肉のもので彼らに仕える義務があります」。

かつてキリストの教会を迫害していたパウロです。ユダヤ人キリスト者たちが、キリストの救いを受け入れたにもかかわらず、それでも頑なに異邦人を見下す姿を見て、パウロは誰よりも彼らに同情することができたと思うのです。ところがパウロが思ってもみなかったことに、自分の働きを通して、なぜか異邦人ばかりが次々とキリストの福音を受け入れていくのです。そのために自分の命が取り上げられたのだと確信したとき、この隔ての中垣を取り除くための献金を集める務めを担い得るのも、自分だけだと悟ることができました。

そんな自分がエルサレムに献金を持って行ったら、ひどい返り討ちに遭うだろうということを予感しながら、「私は霊に促されてエルサレムに行きます」（20・22）。誰にでも言えることではありません。パウロだけが言えたことです。神が、そのためにパウロの命を用いてくださったのです。その事実の前に、ルカを始めとする仲間たちも口をつぐむほかありませんでした。教会の歴史の最初に、このように神に命を捕らえられた人がいたということに、深い感動と驚きを覚えないわけにはいきません。

26　人間の悪意に勝つ神の御心（23・11〜35）

その夜、主はパウロのそばに立って言われた。「勇気を出せ。エルサレムで私のことを力強く証ししたように、ローマでも証しをしなければならない」。（23・11）

主ご自身がパウロのそばに立ち

第三回伝道旅行の最終目的地はエルサレム。その都でパウロは案の定、ユダヤ人の暴力によって殺されそうになりましたが、すんでのところでローマの官憲の保護を受けました。その夜のことです。ローマの兵営に監禁されているパウロのそばに主イエスが立ってくださって、「勇気を出せ」と声をかけてくださいました。天から不思議な声が聞こえたというのではありません。主イエスご自身が、しっかりとパウロの傍らに立って、その肩を抱くように、「勇気を出せ」。このような主のご訪問がなかったら、その翌朝から始まる新たな試練にも耐えられなかったかもしれません。

パウロがいただいた主イエスの励ましには、具体的な内容が伴っていました。「あなたは、ローマでも証しをしなければならない」。ここから使徒言行録の最後の大きな区分である〈パウロのローマへの旅〉が始まります。そこでもルカは、確かな神のみ旨の成就を丁寧に語っていきます。

悪い人間の誓いと、善い神の決意と

パウロが主の励ましの声を聞いた、その夜が明けると（12節）、穏やかならぬ動きが始まりました。「ユダヤ人たちは集まって、パウロを殺すまでは飲み食いしないという誓いを立てた」。「誓いを立てた」とは、直訳すると「自らに呪いをかけた」という言葉です。パウロを殺すまでは、われわれは水一滴すら口にしない。もしもこの誓いを破るなら、神よ、われわれを呪いたまえ、という意味です。「共に誓いを立てた者は、四十人以上もいた」（13節）。死をも恐れぬ四十人以上の過激派テロリスト集団が、徹夜で決起集会をしたのです。彼らの覚悟は、相当なものであったに違いありません。

けれども私たちは知っています。この過激派の立てた誓いがどんなに固いものであったとしても、すべてを導いておられるのは神であり、その神の決意はどんな人間の決意よりも固いということを。その点で大切な意味を持つのは、既に14章21節以下と19章21節以下（本書16章と22章）でも説明した「なければならない」という助動詞です。「あなたは、ローマでも証しをしなければならない」。神がお決めになったことですから、この世のいかなる力もこれを邪魔することはできません。だから、

「勇気を出せ」と言われるのです。

このような恐ろしい陰謀がパウロの耳に入ったとき、パウロといえども心中穏やかではなかったと思います。だからこそ、前夜のうちに主が「勇気を出せ」と声をかけてくださったのでしょう。しかし、そのときのパウロの思いは、ただの恐怖の次元にはとどまらなかったかもしれません。なぜなら、この過激派の姿はかつてのパウロ自身にそっくりだからです。教会の迫害者であったパウロが主の光に打ち倒されて、そこから巡り巡って、今ユダヤ人過激派に命を狙われているのです。パウロには、彼らの怒りが誰よりもよく理解できたに違いありません。

そんなパウロが、ここでも神のみ旨を信じ抜くことができたのは、まさしく自分自身が教会の迫害者であったからだと私は思います。そもそも、なぜ自分がここにいるのか。神のみ旨が勝利したからでしかない。罪人のかしらでしかなかった自分を神が捕らえてくださって、今も私のそばに立ってくださる。最後に実現するのは、神のみ旨のみ。

思いがけない助けを得て

ところで、話は奇妙な経緯をたどります。テロリスト集団がパウロ殺害の計画を立てたとしても、パウロがローマの兵営に保護されているうちは手出しができません。それでこの過激派は、口実を設けてパウロを一旦外に出させて、そこで待ち伏せをして殺そうという段取りを考えます。ユダヤの指導者たち、最高法院全体をも巻き込んで、ことを計ろうというのです（14〜15節）。ところがその陰謀が、思いがけないところからパウロの耳に届くことになります。「しかし、パウロの姉妹の息子が、この待ち伏せのことを耳にし、兵営の中に入って来て、パウロに知らせた」（16節）。

「パウロの姉妹の息子」、つまりパウロの甥です。そう言えば、私たちはパウロの親戚関係についてほとんど何も知らないのですが、ある学者たちはこういう推測をします。パウロは22章3節で、「私は、キリキア州のタルソスで生まれたユダヤ人です。そして、この都で育ち、ガマリエルのもとで先祖の律法について厳しい教育を受け……」と言っています。つまり、ある年齢に達したとき、律法について最高の教育を受けるためにエルサレム留学をしたということです。そのとき既にパウロの姉は結婚してエルサレムに住んでいて、パウロはその家に居候《いそうろう》していたのではないか。そこで知り合った甥っ子が、ここで叔父であるパウロのことを助けてくれたのではないか、と考えるのです。

またある学者は、パウロの姉が嫁いだ家は祭司の家系ではなかったかと推測します。息子がこのような暗殺計画を知り得たのは、家族がそれなりの立場であった可能性が高いからです。しかもパウロの甥であれば、「すみません、ローマ市民のパウロという人がいるはずですが、面会させてください。ぼくの叔父です」と言って、兵営の中にも堂々と入ることができるわけです。

さらに私は、そういう学者たちの想像に助けられながら、こういうことを思いました。パウロの両親は、息子をエルサレムに留学させるほどの教育熱心な親ですから、その息子がキリスト教会の伝道者になり、のみならず異邦人伝道に熱中しているということを知って、どんなに失望したことだろうか。パウロの両親は、決して息子のことを許さなかったと思います。だからパウロは、フィリピの信徒への手紙において、ここまで書かなければならなかったのです。

「私は生まれて八日目に割礼を受け、イスラエルの民に属し、ベニヤミン族の出身で、ヘブライ人の中のヘブライ人です。律法に関してはファリサイ派、熱心さの点では教会の迫害者、律法の義に関してては非の打ちどころのない者でした。しかし、私にとって利益であったこれらのことを、キリストのゆえに損失と見なすようになったのです。そればかりか、私の主キリスト・イエスを知ることのあまりのすばらしさに、今では他の一切を損失と見ています。キリストのゆえに私はすべてを失いましたが、それらを今は屑《くず》と考えています」(フィリピ3・5〜8)。

その「屑」の中には、自分のために「先祖の律法について厳しい教育を受け」させた肉親のことも当然含まれていたのです。ところがここでは、失ったはずの家族がパウロを助けてくれました。パウロの姉、あるいは甥は、それでもパウロに愛情を抱き続けていたのかもしれません。けれども肝心なことは、人間の愛情のレベルの話ではありません。ありとあらゆる出来事を貫いて、ただ神のみ旨だけが実現していく様子に、まずパウロ自身がいちばん驚いただろうと思いますし、ルカもまたそのことを感謝しつつ記録するのです。

神のみ旨だけが実現する

さて、この陰謀を知った大隊長は大慌てで厳重な警備体制を敷いて、パウロをカイサリアに護送させようとします。自分の管轄で過激派による暗殺事件が起こったりしたら責任問題になりかねないからです。それにしても、パウロひとりのために「歩兵二百名、騎兵七十名、軽装兵二百名を準備せよ」（23節）というのは大げさで、この大隊長がどんなに人の目を恐れていたかを明らかにしています。さらに26節以下では、カイサリアに駐在するユダヤ総督フェリクスにまことしやかに手紙を書いて、私はローマの市民権を持つ人間の暗殺計画を阻止しました、などと言います。本当は、危うくローマ市民であるパウロに鞭打ちの拷問を加えそうになって、あとで震え上がったくせに（22・25以下）、ここでは「この者がユダヤ人に捕らえられ、殺されようとしていたのを、私は兵士たちを率いて救い出しました。ローマ市民であることが分かったからです」（27節）と、ぬけぬけと書いています。笑うしかありません。しかし、このようにしてパウロのローマへの旅は始まりました。「あなたは、ローマでも証しをしなければならない」という神の計画が着々と実現していくのです。

使徒言行録を読んでいてしばしば感じることですが、たとえばこの箇所も（11節を除いて）、どこをどうほじくり返しても、人間の思惑だけがすべてを動かしているかのように見えます。神はどこにおられるのだろうかと思います。まさにそこに大切な意味があります。なぜなら、私たちの生きている世界も同じだからです。神の姿はどこにも見えません。ところが使徒言行録が鮮やかに教えてくれることは、人間の悪い意志が支配しているかに見えるこの世界を、神の善い御心が支配しているということです。それは、巨大な船が海の上を進んでいくさまにも似ているかもしれません。船の中で小さないざこざが起こったとしても、船自体は悠々と目的地を目指して進んで行くのです。

今の巨大な船のたとえに足りないところがあるとすれば、私たちはただ受動的にこの船に乗っているわけではないということです。私たちもパウロと同じように、神のみ旨の実現のために召されています。主は私たちの傍らにも立って、「勇気を出せ」と声をかけてくださるに違いありません。

思えば、主がパウロに「勇気を出せ」と声をかけてくださったからこそ、「ローマでも証しをしなければならない」という神のみ旨が実現し、その延長線上に、今ここに生きる私たちの教会も生まれたのです。そうであれば、私たちもパウロと共に「勇気を出せ」との主の御声を聴きつつ、主の証人として立ち上がるほかありません。

27　福音者の迫力（26・1〜32）

「言葉が少なかろうと多かろうと、王ばかりでなく、今日この話を聞いてくださるすべての方が、私のようになってくださることを神に祈ります。このように鎖につながれることは別ですが」。（26・29）

福音者の自由と迫力

使徒言行録は21章以降、捕らわれの身となったパウロの歩みを延々と記録していきます。ここで興味深いことは、その使徒言行録がパウロの最期について沈黙しているということです。パウロが殉教したということは、聖書のどこにも書いていないことですが、ほとんど間違いない歴史的事実ですし、既にパウロ自身の言葉が殉教を予感させます。ところが使徒言行録がパウロの殉教について何も書かないのは、パウロ自身が殉教を決して劇的に考えていなかったからかもしれません。

そのようなパウロの姿勢を暗示する言葉があります。「アグリッパ王はフェストゥスに、『あの男は皇帝に上訴さえしていなければ、釈放してもらえただろうに』と言った」（32節）。自由の身になろうと思えばなれたのです。しかしパウロはその道を選びませんでした。「皇帝に上訴する」のは、無罪判決を勝ち取るためではありません。ローマ皇帝の前で福音を語る機会を得られるなら、何としてもそれをしたい。あらゆる機会をとらえて福音を語りたい。それはパウロではなく、キリストの願いです。「あなたがたは……地の果てまで、私の証人となる」（1・8）というキリストの約束が、このように実現していくのです。そのために特別に神がお選びになったのが、使徒パウロです。

パウロのさしあたりの目的はローマ皇帝の前に立つことでしたが、ここ26章でパウロは思いがけず、フェリクスの後任の総督フェストゥスと、ユダヤの王アグリッパの前に立つ機会を得ます。神がこのような機会を用意してくださったのです。もちろん、パウロがここに立たされることになったその背後には、複雑な政治的な思惑やら何やらがあったわけで、そういう視点から見れば、パウロは人間的な思惑に翻弄されるばかりの不自由な人間にしか見えないのです。ところが、そのパウロが、こんなにも堂々と立っている。その姿を使徒言行録は生き生きと伝えてくれます。たとえば、私が聖書の中でも特に好きな言葉が29節にあります。

「言葉が少なかろうと多かろうと、王ばかりでなく、今日この話を聞いてくださるすべての方が、私のようになってくださることを神に祈ります。このように鎖につながれることは別ですが」。

こういうユーモアは、心に余裕がなければ決して生まれないでしょう。「どうか皆さんも、私のようになってくださいよ。あ、この鎖のことじゃないですよ」。まるで、鎖のことなんか忘れていたよ、と言わんばかりの余裕です。主がパウロに与えてくださった命の余裕、死に打ち勝つ余裕です。

高倉徳太郎という説教者がこの箇所について「福音者の迫力」という題の説教を残しています。その説教題が既に、私たちの背筋を伸ばしてくれます。この人を見よ！　この福音者の迫力を見よ！　福音のためなら、鎖につながれるという不自由な生活さえ喜んで選び取ることができるという、この死に打ち勝つ自由は、どんな強大な王にも勝る迫力があります。

自分の話をする福音者

福音者パウロはここで、教会の迫害者であった自分の話をします。自分自身の話をすることが、即キリストの福音の証しとなると信じてのことです。かつて自分は、キリストの教会をつぶすことにすべての情熱を注ぎ込んでいた。ところが、そんなパウロを主イエスご自身がお訪ねになりました。

「こうして、私は祭司長たちから権限を委任されて、ダマスコに向かったのですが、その途中、真昼のことです。王よ、私は、天からの光を見たのです。それは太陽より明るく輝いて、私とまた同行していた者との周りを照らしました。私たちが皆地に倒れたとき、『サウル、サウル、なぜ、私を迫害するのか。突き棒を蹴ると痛い目に遭うものだ』と、私にヘブライ語で語りかける声を聞きました」（12～14節）。

〈パウロの回心〉と呼ばれる出来事です。9章と22章にも似た記事があります。ところで、この三つの章の〈パウロの回心〉の記事を比較してみると、26章に初めて現れる表現があることに気づきます。まず14節後半の「突き棒を蹴ると痛い目に遭うものだ」。不思議な言葉ですが、パウロよりも古い文学者の言葉だそうです。そして、そんなに難しい意味はありません。家畜をくびきにつないで働かせるときに、そのかかとの後ろに尖った棒を付けたそうです。家畜が働くのをいやがって後ろ足を蹴り上げると、かえって痛い目に遭う。それと同じように、暴力をもってキリストの教会の息の根を止めようとしたパウロは、かえって痛い目に遭いながら、逆に神のために働かされるようになったということです。もちろんパウロはここで、牛馬のように痛めつけられたことを嘆くのではありません。かつて自分が教会に対して、また主ご自身に対して働いた暴虐の数々が、実はどんなに虚しいものであったか。そんな自分が、今は神のために用いられていることを心から喜びながら、「どうか、私のようになってください」と言うのです。

もうひとつ、26章のパウロの回心の叙述で際立っている言葉は「光」です。13節でもパウロを照らした光のことがずいぶん詳しく書いてあります。「その途中、真昼のことです。王よ、私は、天からの光を見たのです。それは太陽より明るく輝いて、私とまた同行していた者との周りを照らしました」。その光という主題が、さらに後半につながっていくのです。

「私は、あなたをこの民と異邦人の中から救い出し、彼らのもとに遣わす。それは、彼らの目を開いて、闇から光に、サタンの支配から神に立ち帰らせ……」（17～18節）。

「つまり私は、メシアが苦しみを受け、また、死者の中から最初に復活して、民にも異邦人にも光を語り告げることになる、と述べたのです」（23節）。

この二箇所に出てくる「民と異邦人」というのは「イスラエルとそれ以外の異邦人」ということです。明らかにユダヤ人のアグリッパと異邦人のフェストゥスを意識しています。アグリッパ様、そしてフェストゥス様、いずれにとってもこの方こそあなたの光なのです。

26節以下も印象深いものです。

「王はこれらのことについてよくご存じですので、率直に申し上げます。このことは、どこかの片隅で起こったのではありません。ですから、一つとしてご存じないものはないと、確信しております。アグリッパ王よ、預言者たちを信じておられますか。信じておられることと思います」（26～27節）。

「王はこれらのことについてよくご存じですので」というのはつまり、アグリッパ王が神の民イスラエルであることを意識させる言葉です。ローマ総督のフェストゥス様はご存じないかもしれませんけど、アグリッパ王よ、あなたは預言者たちを信じておられるでしょう。聖書のことも知っておられるでしょう。そして、あのイエス・キリストのことも、どこかの片隅で起こったわけではないのですから、耳にしておられるでしょう。あなたは、それを正面から見据えないといけない。私を打ち倒し、今生かしている光は、あなたにとっても光なのだから、その光を見ない限り、あなたはずっと闇の中を歩くことになってしまう。だから、どうか預言者の言葉に耳を傾けてください。

アグリッパ王は、「いや、預言者なんか信じていない」とも言えず――そんなことを言ったら、自分の国ユダヤを治めることもできませんから――かと言ってパウロの言葉にうなずくわけにもいきません。それで、「僅かな言葉で私を説き伏せて、キリスト信者にしてしまうつもりか」(28節)と苦し紛れの言い逃れをします。教会の言葉に対して、こういう逃げ方をする人は案外多いかもしれません。しかしパウロはすかさず答えます。それはただの言い訳でしょう。「言葉が少なかろうと多かろうと、王ばかりでなく、今日この話を聞いてくださるすべての方が、私のようになってくださることを神に祈ります。このように鎖につながれることは別ですが」。

私のようになりなさい!

パウロはいつも、「私のようになりなさい」「私に倣う者になりなさい」と繰り返しました(Iコリント4・16、11・1、フィリピ3・17、Ⅰテサロニケ1・6など）。あなたがたは救われて、私のようにならないといけない。それは決して「清く正しいクリスチャンになれ」という意味ではありません。ここでパウロが言うのは、「私は自由だ」ということです。鎖につながれていても、死に対しても、権力者の脅しに対しても、私は自由だ。だからどうかあなたも、私のようになってください。このように鎖につながれることは別ですが。だがしかし、私を鎖につないでいるあなたがたのほうが不自由ではないか。そのことには気づいていただきたい。これが、「福音者の迫力」です。

これを聞いて、総督フェストゥスはたまりかねて言いました。「パウロ、お前は気が変になっている。学問のし過ぎで、おかしくなったのだ」（24節）。使徒言行録を書いたルカは、今も私たちに問いかけていると思います。伝道者パウロを鎖につなぐ権力者と、鎖につながれても真実の自由に生かされているパウロと、どちらが正気で、どちらが狂気なのでしょうか。実は私たちも、ひそかに気づいているのです。本当は、よくわかっているのです。だからこそ、鎖につながれながら「私のようになってください」と言い切ったパウロの存在は、今もって世界に対する大きな問いかけであり、しかも同時に、希望の光であり続けるのです。

28 教会に与えられる自由と苦しみ（28・17～31）

パウロは、自費で借りた家に丸二年間住んで、訪問する者は誰彼となく歓迎し、全く自由に何の妨げもなく、神の国を宣べ伝え、主イエス・キリストについて教え続けた。（28・30～31）

全く自由に、何の妨げもなく

これが、使徒言行録の結びの言葉です。皆さんはどういう感想をお持ちになるでしょうか。私は以前から、特に使徒言行録について勉強すればするほど、この結びの言葉にしっくりしないものを感じていました。まるでどこかで聞いた昔話のように、「おじいさんはいつまでも幸せに暮らしましたとさ。めでたし、めでたし」。それはしかし、使徒言行録の締めくくりとしてはいかにもふさわしくない気がしてならなかったのです。

特に、9章15節以下にはこのような言葉がありました。パウロが天からの光に捕らえられた直後に、主イエスご自身がパウロについてお語りになった言葉です。

「行け。あの者は、異邦人や王たち、またイスラエルの子らの前に私の名を運ぶために、私が選んだ器である。私の名のためにどんなに苦しまなくてはならないかを、彼に知らせよう」。

ところが使徒言行録の最後では、パウロは全然苦しんでいないようです。「パウロじいさんは、自由にイエスさまの話をしながら幸せに暮らしましたとさ」。いったいどういうことなのでしょうか。

使徒言行録の最後の部分に関しては、実は他にもいろいろ問題があるのです。たとえば最後の部分でパウロが苦しい思いをしてローマを目指したのは、ローマ皇帝に上訴するためであったはずなのですが、皇帝のこの字も出てきません。さらに、直前の本書27章でも触れましたが、歴史的にほとんど間違いないことは、パウロが殉教したということです。ところが使徒言行録の最後の部分は、まるでその事実と矛盾するようです。ルカは事実を知らなかったのでしょうか。それとも厳しい事実から目を逸らしたのでしょうか。そうではなく、むしろルカは使徒言行録の最後にいちばん大切なことを、いちばん大切なことだけを書いたのだと思います。

ギリシア語の原文では、「全く自由に何の妨げもなく」という言葉が文末にあります。「神の国を宣べ伝え、主イエス・キリストについて教え続けた。すべての点で自由に、妨げられることなく！」私はこの最後の言葉を改めてギリシア語で読み、体が震えるほどの感動を覚えました。ルカもまた、この最後の言葉にすべての思いを込めたのではないかと思うのです。

「全く自由に」。その自由とは、パウロ個人の暮らしぶりとは何の関係もありません。パウロは囚人としてローマに来たのです。「イスラエルが希望していることのために、私はこのように鎖でつながれているのです」（20節）。もっとも「鎖」という言葉と30節の「自費で借りた家に」とは辻褄《つじつま》が合わないように思えますが、少なくとも好きな時に好きな場所に行けるような立場ではありませんでした。だからこそ、「訪問する者は誰彼となく歓迎し」（30節）と言うのでしょう。自分から出かけて行って伝道するわけにはいかなかったのです。そういう境遇を「全く自由に」とルカが描写したのは、繰り返しますが、パウロの暮らしぶりの話ではありません。「キリストの福音は自由である」という意味です。パウロがどんな鎖につながれようが、遂に殉教しようが、福音自身は全く自由に前進を続ける。その前進を妨げる力は、地上のどこにも存在しない。それは、二千年たった今も変わることはないのです。まさしくここに、使徒言行録がいちばん語りたかったことが集中しています。「全く自由に、何の妨げもなく！」

言葉の自由を与えられた教会

「全く自由に」。使徒言行録における大切なキーワードです。「何でも言える」というのが原意です。いわゆる「言論の自由」です。この言葉については4章1節以下（本書4章）でも説明しましたが、まさしくこの〈自由〉によって教会は立ち続けることができたのです。4章において、生まれたばかりの教会がすぐに直面させられたのは、権力者による脅迫でした。ペトロとヨハネというふたりの使徒が捕らえられ、「二度とイエスのことを話すな」と国の偉い人たちの脅迫を受けたとき、怖くなかったはずはありません。けれども、このふたりは釈放されるとすぐに仲間たちのところに帰って行きました。そこに教会の祈りが生まれました。

「主よ、今こそ彼らの脅しに目を留め、あなたの僕たちが、堂々と（＝自由に）御言葉を語れるようにしてください」（4・29）。

使徒言行録とは、この祈りに神が答えてくださった記録です。パウロもまた、教会の祈りに支えられて、いつも自由に御言葉を語ることができました。それは、パウロにとってもいちばん幸せなことであったに違いありません。

パウロの苦しみ、そして私たちの苦しみ

けれども、それならば、改めて問わなければなりません。「私の名のためにどんなに苦しまなくてはならないかを、彼に知らせよう」（9・16）と主が言われたことは、何を意味するのでしょうか。神がパウロに課した苦しみとは何でしょうか。殉教の苦しみでしょうか。27章が伝えるような死と隣り合わせの旅のことでしょうか。そうではないと思います。パウロがいちばん苦しんだこと、それを典型的に示すのが、17節以下のユダヤ人とのやりとりだと思います。パウロはローマでも、他の町でしたのと同じように、まずユダヤ人との対話を試みます。特に印象深いのは20節です。

「だからこそ、お会いして話し合いたいと、あなたがたにお願いしたのです。イスラエルが希望していることのために、私はこのように鎖でつながれているのです」。

「あなたがた神の民イスラエルには、希望がある」と言うのです。「その希望のために、私は鎖につながれているのです。だから、私のことをよく見てください。私の話を聞いてください。そうしたら、あなたがたの希望が鮮やかに見えてくるはずですよ」。しかし、パウロの説得は芳《かんば》しい結果を生みませんでした。「ある者は話を聞いて納得したが、他の者は信じようとはしなかった」(24節)とありますが、そのあとの部分を読みますと、パウロの言葉に耳を貸さなかった人の方が圧倒的に多かったようです。それでパウロは、イザヤの言葉を引用しなければなりませんでした。

「聖霊が預言者イザヤを通してあなたがたの先祖に語られたことは、まさにそのとおりでした。

『この民のところへ行って告げなさい。

あなたがたは聞くには聞くが、決して悟らず

見るには見るが、決して認めない。

この民の心は鈍り
耳は遠くなり
目は閉じている。
目で見ず、耳で聞かず
心で悟らず、立ち帰って
私に癒やされることのないためである』」（25～27節）。

考えてみると、イザヤ書の言葉も不思議なものです。常識的に考えれば、預言者は神の言葉を聴いてもらうために遣わされるはずです。ところがここでは、「イザヤよ、あなたが遣わされるのは、頑なな民がますます頑なになるためだ」と言われます。パウロは、イザヤの苦しみがよくわかったと思います。その苦しみを、パウロ自身が手紙の中でこう書いています。

「私には深い悲しみがあり、心には絶え間ない痛みがあります。私自身、きょうだいたち、つまり肉による同胞のためなら、キリストから離され、呪われた者となってもよいとさえ思っています」（ローマ9・2～3）。

激しい言葉です。同胞イスラエルが救われるためなら、私が代わりに神に呪われてもよい。それなのに、どうしてこの人たちには自分の言葉が通じないいんだろう。

このような苦しみは、パウロだけが知る苦しみではないと思います。自分のいちばん大事な人に福音を語ろうとしても、まるで取り付く島もないという経験を、私たちも知っています。そのとき、福音は挫折するのでしょうか。「何の妨げもなく」と聖書は言うけれども、冗談じゃない、四方八方妨げだらけだと言うべきなのでしょうか。

その意味で、使徒言行録の最後の部分でいちばん不思議なことは、皇帝の上訴の件とかパウロの殉教の話がないことではありません。そんなことは限りなくどうでもいいのです。福音が自由に前進する姿と、それとは逆に福音の前進が無残に妨げられている姿とを、まるで矛盾なく書いていることこそ、いちばん不思議なことです。そしてこのような矛盾は、安易に解いてはならないものだと思うのです。私たち自身、その矛盾の未解決状態の中に生かされていると思うからです。

使徒言行録は未完の物語です。教会の物語は、今なお続いています。そして私たちは知っています。福音が挫折する痛み、その神の痛みを自分自身の痛みとして知りながら、しかも同時に福音が自由に、妨げなく前進する現実を信じさせていただいているのです。だからこそ、この私のところにも、そしてあなたのところにも、キリストの福音が届けられたのではないでしょうか。今、使徒言行録の物語を受け継ぎながら、私たちに委ねられた教会の生活を神におささげしたいと心より願います。

父、子、聖霊なる御神、使徒言行録という壮大な物語を私たちの教会にお与えくださり、心より感謝します。あなたの福音は今も変わることなく、全く自由に何の妨げもなく、前進を続けています。だからこそ、地の果てに至るまで、遂に私のところにも、福音は届けられました。その背後に、どんなに多くの人の苦しみがあり、痛みがあり、いや、誰よりもあなたがどんなに苦しまれたか、そのことを思います。今私たちも、あなたに遣わされて、御子イエスのため、また福音のために苦しむ者とさせてください。ありとあらゆる機会を捕らえて、恐れなく、自由にキリストの恵みを語ることができるように、あなたの教会に、ことに私たちの国に立つ教会に、聖霊の力を与えてください。主イエス・キリストのみ名によって祈ります。アーメン

おわりに　2章37～42節による教会学校説教

人々はこれを聞いて大いに心を打たれ、ペトロと他の使徒たちに、「兄弟たち、私たちは何をすべきでしょうか」と言った。そこで、ペトロは彼らに言った。「悔い改めなさい。めいめい、イエス・キリストの名によって洗礼を受け、罪を赦していただきなさい。そうすれば、聖霊の賜物を受けるでしょう。この約束は、あなたがたにも、あなたがたの子どもたちにも、また、遠くにいるすべての人にも、つまり、私たちの神である主が招いてくださる者なら誰にでも、与えられているものなのです」。（2・37～39）

使徒言行録を皆さんと一緒に読んできました。改めて最初に戻って、右のペトロの言葉を読んでみると、ここに使徒言行録のメッセージが集中的に語られていることに心を打たれます。「この約束は、すべての人に！」というペトロの言葉は、ペトロ自身が想像もしなかったほどに大きく、広く実現していきました。私たちの教会もまた、今なお、この神の約束の広がりの中に置かれているのです。

本書の最後に、このペトロの言葉に基づく教会学校（子どもの礼拝）の説教を紹介したいと思います。私が自分の教会で実際に語った説教です。子ども向けの語り口ですが、私なりにルカによる福音書・使徒言行録のメッセージを「これでもか」と凝縮して詰め込んだつもりです。

昔々、あるところに、ふたりの兄弟がいました。お兄さんと弟のふたり兄弟です。このふたりには、とっても優しいお父さんがいました。ある日、弟息子がお父さんに言いました。「ねえ、お父さんの持っているお金って、結局いつかは、半分はぼくのものになるんでしょう？　今ちょうだい」。お父さんは一瞬迷いましたが、「わたしの息子ならだいじょうぶだろう」と信じて、この弟息子にたくさんのお金を渡してしまいました。

弟くんは大喜びで、そのお金を全部持って、その日のうちにお父さんの家からいなくなってしまいました。「ああ、おれは自由だ。お金もあるし。お父さんもいないし！」そう言って、何でも好きなことをして、あっという間にお金はなくなってしまいました。この弟くんは、食べ物を買うこともできません。夜寝るための暖かい布団もありません。このままでは死んでしまいます。それでこの弟くん、豚小屋に忍び込んで言いました。「ねえ、豚くん、きみのごはん、ちょっと分けてよ」。けれども豚は怒って、「ブー、ブブー！　トンでもない！」（ドカッ、バキッ、ボスッ）「ぎゃあ」。かわいそうに、弟くん、豚にも相手にされません。

「もう、死ぬしかないのかな……」。そのとき、弟くんははっと我に返って言いました。「お父さんの家に帰ろう。きっと、すごい怒られるだろうけど、でももしかしたら、お父さんの奴隷くらいにならせてもらえるかもしれない」。それで、お父さんの家に向かって歩き始めました。あーあ、きっと怒られるんだろうなあ……。でもお父さんに会ったら、絶対こう言うんだ。「お父さん、本当にごめんなさい。ぼくが悪かったです。お父さんの奴隷でいいから、家に入れてくれませんか。どんないやな仕事でも、ちゃんとやりますから」。ああ、でもきっと、すごい怒られるんだろうな……。ところが、そのときです。向こうから、ものすごいスピードでお父さんが走ってきます。「まずい、お父さんだ！　何て言うんだっけ……」と思ったら、もうお父さんに抱きしめられていて、それで弟くんは慌てて言いました。「お父さん、ごめんなさ……モゴモゴ……」。お父さんにギューっと抱きしめられて、ちゃんと言えませんでした。しかもお父さんは言いました。「さあ、家に入っておいで。今日はお祝いだ。死んだと思っていた息子が帰ってきたんだから」。それで、この弟くんはお父さんに引っ張られて家に入り、立派なお洋服を着せられて、テーブルの上には次から次へとおいしそうなごちそうが並びました。いつの間にかうしろには音楽隊が並んで、楽しそうな音楽を演奏しています。「ええ？　どうなってんの？」　でも、お父さんはすごくうれしそうです。

ところが、問題はお兄さんです。お兄さんは、あの弟なんかとは全然違って、ずっと真面目にお父さんのために働いて、お父さんの言いつけに対して、「やだ」とか「あとで」とか「え～」とか、いけないことを言ったことは一度もありませんでした。ところが、お兄さんが仕事を終えて家に帰ってくると、何やら家の中から楽しそうな音楽が聞こえてきます。あの弟が帰ってきたこと、お父さんが大喜びでお祝いを始めたことを知って、お兄さんは怒りました。「冗談じゃない。あんなやつ、この家に入る資格なんかないだろう。お父さんだってふざけてる」。お兄さんはかんかんに腹を立てて、家の中に入ろうとしませんでした。すると、お父さんがわざわざ出て来て言いました。「どうした、入っておいで。お前の弟が生きて帰ってきたんだぞ」。けれどもお兄さんは、どうしても納得がいかなくて、それで今度はお兄さんが、お父さんの家からいなくなってしまいました。

このお兄さんは、心に固く誓いました。「あの弟、絶対、許さない」。それで、お兄さんは作戦を練りました。どうやってあの弟をいじめてやろうか、殺してやろうか。お兄さんは、絶対にお父さんの家の中には入ろうとせず、周りをうろうろしながら、作戦を練りました。

ところが、不思議なことが起こり始めました。どういうわけか、お父さんの家の中の人が、どんどん、どんどん増えてきたというのです。お兄さんは、遠くからその様子を見ながら、不思議でなりません。「なんだ、あいつら？　見たことないぞ？」

おや、また誰かがお父さんの家の中に入ろうとしています。いったい、あいつら何者なんだ？　しかもその人たちと玄関で話しているのは、なんと、あのにっくき弟野郎です。くそー、何だあいつ、お父さんのお金を全部無駄遣いしたくせに、偉そうな顔しやがって。しかし、いったい何を話しているんだろう……。

それでお兄さんは、近くに隠れながら、耳をダンボのようにして、こっそり盗み聞きをしました。「さあ中に入って、あなたもうちのお父さんの子どもなんですよ」と、あの弟が言っています。すると、家の前に立っている人たちは言いました。「いや、しかし、わたしたちは、どうしたらよいのでしょうか」。あの弟くんが言いました。「だいじょうぶ、入っておいで」。「いや、でも、どうしたらよいのですか」。……どうしたらいいんでしょう？　あの弟くんは、言いました。「あなたがたがすべきことは、この家の中に入ることですよ。さあ、どうぞ」。おや、よく見ると、その弟くんのうしろで、お父さんも手を振っています。「おーい、ぐずぐずしないで、早く入っておいで。きみたちも、わたしの大切な子どもなんだから」。

それを聞いたお兄さんは、ますます腹を立てました。ふざけんな！　本当はおれがいちばんのお兄さんなのに。あんな家、もうお父さんの家じゃない！　それで、お兄さんはますます固く心に誓いました。あの弟も、その仲間たちも、みな殺しにしてやる。それでお兄さんは、お父さんの家の中には決して入ろうとせず、そのまわりをうろうろしては、そのお父さんの家に住んでいる人たちを誰かれなく捕まえて、殴ったり、大事なものを取り上げたり、本当に殺したり。そんな生活をしているうちに、お兄さんはだんだんと心が熱く燃えてきました。そうだ、これが正義なんだ。おれは、このために生きているんだ。毎日毎日、お父さんの家の人をいじめるのが、生きがいになってきました。

ある日のこと、お兄さんはいつものように出かけて行って、またお父さんの家の中から出てきた人を捕まえて、ぶん殴ってやろうと思ったら、急にその人が振り向いて……突然、目の前がバッと明るくなって、あまりにもまぶしくて、お兄さんは目が見えなくなってしまいました。「うわあ、助けてくれえ、目が見えないよう」。バタッと、お兄さんは倒れてしまいました。その謎の人は言いました。「兄よ、なぜわたしをいじめるのか」。お兄さんはびっくりして言いました。「あなたは誰ですか」。その人は言いました。「わたしの名はイエス。お前のお父さんの子どもだ。お前だって、わたしのお父さんの息子だろう？　それなら、どうしてわたしをいじめるんだ」。

目が見えなくなってしまったお兄さんは、誰かに手を引かれて、そしていつの間にか、お父さんの家の中に運ばれていました。お父さんがお兄さんの目に触れると、目からうろこが落ちました。元通り、目が見えるようになりました。元通りと言うよりも、それまで見えなかったものが見えるようになりました。自分がお父さんの大事な息子であることが、そしてあの弟も、そのあと招かれた人たちもみんな、神さまの大切な子どもたちだということが、よくわかりました。

目が見えるようになったお兄さんに、あの弟が声をかけました。「お兄さん、お帰り」。お兄さんは、弟にもお父さんにも、何だかとっても申し訳なくて、それで思わず言いました。「ぼくは、いったい、どうしたらよいのでしょうか」。あの弟がみんなを代表して言いました。「何もしなくていいんだよ。お父さんの家に帰ってくれれば、それだけでいいんだよ」。

お兄さんは、その言葉を信じて、イエス・キリストの名によって洗礼を受け、罪を赦していただきました。そして、聖霊の賜物を受けました（2・38）。そしてこのお兄さんも、お父さんの家にたくさんの人を招く仕事をするようになりました。

あとがき

書物を読むときにはまずあとがきから読む、という方は少なくないと思います。私もそうです。そういう方の中で、「使徒言行録って何だろう」ということを手っ取り早く知りたい方は、あとがきではなく最初の章から読んでください。そしてできれば、そのまま最後まで通読してくださるなら、こんなにうれしいことはありません。

その最初の章にも書いたことですが、使徒言行録はおもしろい。「新約聖書の中でいちばんおもしろい」と断定する勇気はありませんが、類書が存在しないことは確かです。もっとも、使徒言行録に対してある種のとっつきにくさを感じておられる方もあるでしょう。ひとつの理由は、新約聖書の他の文書にましてカタカナの地名・人名が多いものですから、誰がどこで何をしたのかイメージをつかみにくいからだと思います。「その戦いののち、織田信長は京都へ行った」と言われれば、それだけで大多数の日本人は豊かなイメージを膨らませることができるのですが、「彼らはフリギア・ガラテヤ地方を通って行った」などと言われても、なかなかぴんと来ないでしょう。あくまで余談ですが、こういう地名・人名についての知識が深くなればなるほど、使徒言行録のおもしろさはますます深くなるのだろうなと思います。しかしそのためには、専門の学者になるしかないかもしれません。

にもかかわらず、使徒言行録は本当におもしろい。学者になるほどの勉強をしなくたって、そのおもしろさは必ずわかるはずですし、私自身、使徒言行録の学者ではありません。けれども、教会の生活をしている人にとっては、こんなに興味深い文書はないのです。自分たちの話が書いてあるからです。

本書は、鎌倉雪ノ下教会の月一度の教会祈祷会で実際に語った講話が土台になっています。二〇一七年四月から二〇二三年三月までの六年間、全六十回にわたって使徒言行録を説き、またこれを鎌倉雪ノ下教会の月報に連載しました。私自身、思いにまさる恵みを受けました。あまりにもおもしろくて、いつしかひそかに「誰かこれを出版してくれないかな……」などという傲慢《ごうまん》な夢を見ていたのですが、瓢箪《ひょうたん》から駒が生まれました。こういう裏話を書きすぎないほうがよいのでしょうが、最初に「読もう」シリーズの話を持ちかけられたときは、使徒言行録以外の文書について書くことを求められたのです。しかし私のほうから半ば強引に、「使徒言行録ならある程度の用意があるし、ぜひ書かせてください」とお願いしたという経緯があります。ただし、目次を眺めるとすぐにお気づきになることですが、実際に語った全六十回の講話のうち半分以上をそぎ落とすことになりました。これには出版上の都合もあったのですが、使徒言行録のエッセンスをコンパクトに伝えるためには、このくらいの分量が最適解であったと思います。

二〇一七年から二〇二三年までの六年の間にも、いろんなことがありました。心挫けそうになったこと、逃げ出したくなるようなこともたくさんありました。そのような歩みの中、月に一度の使徒言行録の学びは、私に、私たち鎌倉雪ノ下教会に、無限の励ましを与えてくれました。使徒言行録の伝える教会の歩みも、悩みと無縁であったことは一度もありません。その教会の歩みのすべてが、神の力によって支えられているのです。教会の仲間たちと共に使徒言行録を学ぶことができたからこそ、あの試練の時期を乗り越えることができたのだと思います。本書がその熱量を正しく伝え得ているか。教会の悩みと喜びを共に味わっていただければ幸いです。

前の頁に、「使徒言行録は本当におもしろい。教会の生活をしている人にとっては」と書きました。事実、使徒言行録のおもしろさは、教会に生きている人でなければ理解できない面があると思います。それで、本書は徹底して〈教会のための書物〉として文章を整えました。本書に出てくる「私たち」という言葉は、原則として「教会に生かされている私たち」という意味です。もとより、まだ洗礼を受けておられない方を排除しようという意図は毛頭ありません。むしろ、「すべての人に教会のことを知ってほしい」と願っています。「私たち教会とは何か。教会は何を信じ、何を考え、何をしているのか」、それを明らかにしたいと願って、本書を書きました。それは使徒言行録を書いたルカ自身の意図にも沿うことだと思います。

本書18章と最後の付録は、子ども向けの説教です。私がいちばんおもしろがって書いた部分はこの二篇の説教かもしれません。私の感覚でしかありませんが、どういうわけか使徒言行録と子どものための説教は相性がいいようですね。福音書と使徒言行録を書いたルカが神からいただいた言葉は、理屈の言葉ではなく、物語の言葉の力強さだったのだと思わされています。

今回も日本キリスト教団出版局の土肥研一さんにたいへんお世話になりました。前著『聖書の祈り31』のときにも思い知らされたことですが、書物というのは決して著者がひとりで書いているわけではありません。少なくとも私の場合、すぐれた編集者の支えがなかったら、到底「読める」本にはなり得なかっただろうと思います。

二〇二四年八月

川崎公平

川崎公平《かわさきこうへい》

1974年生まれ。 東京神学大学大学院博士課程前期修了。
日本基督教団松本東教会伝道師・牧師を経て、
2010年4月より鎌倉雪ノ下教会牧師。
共著に『聖書の祈り31　主よ、祈りを教えてください』
（日本キリスト教団出版局）

使徒言行録を読もう

2024年10月15日　初版発行

著　者　川　崎　公　平
発　行　日本キリスト教団出版局
169-0051　東京都新宿区西早稲田2丁目3の18
電話・営業03（3204）0422、編集03（3204）0424
https://bp-uccj.jp

印刷・製本　ディグ

ISBN 978-4-8184-1176-0　C0016　日キ販
Printed in Japan